억대 연봉자로 이끄는 새벽 독서법

억대 연봉자로 이끄는 새벽 독서법

이경희 지음

생각의빛

제4장 새벽 독서 원칙

제5장 한 번뿐인 삶, 새벽 독서로 바꾼다

제1장
책을 읽지만, 변화가 더딘 이유

읽는 것에만 집중한다

'독서'라는 단어를 들으면 제일 먼저 무엇이 떠오르는가? 아마도 대다수 사람이 '책 읽는 것'을 제일 먼저 떠올릴 것이다. '독서'는 '읽을 독(讀)'이란 글자와 '글 서(書)'라는 글자가 합쳐져 만들어진 단어다. 단어 그대로를 해석하면 '글을 읽는 행위'를 말한다. 그런데, '독서'에는 또 다른 의미가 있다. '글 서(書)'라는 글자를 동사로 사용하면 '글을 쓰다'라는 의미가 있다. 다시 말해, '독서'는 '글을 읽고 쓰는 행위'의 의미도 있다는 말이다. 이 관점에서 '독서'를 바라보면 읽기만 하는 것은 반쪽짜리 독서를 하는 것과 같다. 책에는 저자의 수많은 경험과 방법, 철학, 이야기가 들어있다. 보통 책을 읽으면서 저자의 경험을 간접적으로 경험하고, 방법을 배우며 철학과 생각에 공감하기도 한다. 그런데, 책을 읽기만 해서 저자의 경험과 방법 그리고 철학과 생각이 얼마나 오랜 시간 내 기억 속에 남아있을까? 아마도 길어야 몇 달이 지나면 모든 게 사라질 것이다. 특히, 삶을 변화시키기 위한 독서는 더더욱 오랫동안 머릿속에 남아있으면서 삶에 적용되어야 하는데 읽기만 해서는 머릿속에 남아있지도 삶에 적용되기도 힘들다. 책을 읽으며 깨달음을 얻은 문장들을 직접 써보면서 그 속에 숨어있는 지혜를 발견하고, 그것을 내 삶 속에 다시 한번 써 내려가는 것이 진정한 독서의 시작이라고 말할 수 있다. 진정한 독서를 통해 하나둘씩 쌓여가는 새로운 경험과 도전이 비로소 인생의 변화를 만들게 된다.

몇 년 전 지인의 권유로 골프를 시작했다. 골프는 돈 많고 시간 많은 사람이나 하는 스포츠라고 생각했는데, 스크린 골프가 유행하면서 저렴한 비용으로 골프를 즐길 수 있게 되었다. 나도 그 유행에 편승하여 스크린 골프를 몇 번 다니면서 조금씩 재미를 느끼기 시작했다. 정식으로 교습을 받는 게 좋다는 지인의 말이 있었지만, 정기적으로 교습 받을 시간의 여유도 없고 비용까지 들여가면서 해야 할 이유를 찾지 못해 교습받지 않았다. 인터넷에 돌아다니는 글이나 영상을 보거나 동호회에 가입하여 잘하는 사람의 조언을 들으면서 혼자 연습했다.

골프를 막 시작했던 초반에는 그럭저럭 공이 잘 맞아 혼자서도 충분히 실력을 늘릴 수 있는 스포츠라 생각하며 자신감이 충만했었다. 그런데, 자신감은 그리 오래 가지 않았다. 어느 정도 시간이 지나자 실력의 한계가 드러나기 시작했다. 아무리 글을 읽고 강의 영상을 보며 따라 해봐도 실력은 제자리에 멈춰버린 것처럼 타수가 줄어들지 않았다. 일정 타수가 줄지 않자 조바심이 생겨나며 더욱 무리하게 스윙 동작을 하게 되었고, 결국 몸에 무리가 나타나 병원 신세를 지는 지경까지 이르렀다. 병원 치료를 받는 동안 골프에 대한 흥미마저 잃어 한동안 멀리하게 되었다.

그렇게 몇 달의 시간이 지나 지방 프로젝트가 생기면서 지방에 장기 출장을 가게 되었다. 한동안은 퇴근하면 마땅히 할 게 없어 팀원과 저녁 식사 겸 술 한잔을 하거나 숙소에서 TV나 보는 게 전부였다. 그러다 팀원 중 한 사람이 자기도 저녁이 되면 특별히 할 게 없어 골프연습장에 간다는 말을 듣고 나도 오랜만에 구경이나 가볼까 싶어 함께 연습장에 갔다. 골프 연습을 하며 이런저런 얘기를 하던 중 골프 시작한 지는 좀 됐는데 실력이 별로 늘지 않는다고 말하니 개인 교습을 한번 받아보는 게 어떠냐고 권유했다. 어차피 할 일도 없는데 이번 기회에 교습이나 받아볼까 하는 생각이 들어 교습을 신청했다. 기대가 너무 컸던 건가 개인 교습은 생각보다 단순했다. 스윙 자세를 알려주고 그대로 연습하면서 자세에 신경을 쓰라고 하고는 어딘가로 사라졌다가 연습하고 있으면 가끔 와서 자세가 흐트러졌나를 확인하고 교정해주는 것이 전부였다.

'이거 잠깐 들으려고 많은 돈을 썼나?'

'이거 인터넷 동영상에서도 다 본 내용인데.'

'괜한 곳에 돈을 쓴 건 아닌가?'

여러 생각들이 머릿속에 스쳐 지나갔다. 강사가 설명해도 대충 듣고는 실력이 늘지 않는다고 불만을 얘기했다. 그러자, 프로 강사가 이런 말을 했다.

"체형에 따라 약간의 차이는 있을 수 있지만, 스윙 자세에 대한 설명은 누구에게나 똑같이 합니다. 스윙 자세는 크게 다르지 않으니까요. 그런데, 그걸 자신의 것으로 만드는 건 회원님의 노력 여하에 달려있어요."

"그리고, 제가 아무리 잘 설명한다고 해도 건성으로 듣고 마음대로 휘두르시면 절대로 실력이 늘지 않습니다. 제가 설명한 내용을 계속 떠올리면서 자세를 생각하고 그대로 스윙이 되고 있는지 확인하며 회원님의 몸에 깊이 새겨야 그때부터 실력이 늘어납니다. 제 말이 무슨 말인지 아시겠죠?"

프로 강사의 말을 듣고는 굉장히 부끄러웠다. 그동안 설명을 잘 듣지 않고 내 맘대로 했던 것이 그의 눈에는 그대로 보인 것이다. 그러면서 실력이 늘지 않는다고 불만을 얘기했으니 내가 얼마나 한심해 보였을까?

그 뒤로는 잠깐의 설명이라도 놓치지 않으려고 귀를 기울이며 집중해 들었다. 그리고 연습하면서도 가르쳐준 자세를 머릿속에 상상하며 계속 자세에 신경 쓰고, 정확하게 공을 맞히는 데에 집중했다. 그러자, 신기하게도 정확도가 높아지면서 공을 원하는 방향으로 날려 보내는 확률이 높아졌다. 실력이 향상되는 것을 확실히 느낄 수 있었다.

독서를 할 때도 마찬가지이다. 독서로 삶을 변화시켰다는 사람의 말만 대충 듣고는 그가 추천하는 책을 자신에게 맞는지 내용도 확인 안 하고 마구잡이로 사서 읽기만 하는 독서는 아무리 책을 많이 읽어도 기억에 남는 것이 별로 없다. 내가 골프 교습을 받았던 때처럼 전문가의 설명에 집중하고, 내 것으로 만드는 것에 노력하니 실력이 늘었듯이 독서 또한 책 속에 들어있는 이야기에 집중하고, 내 것으로 만들기 위한 노력이 필요하다. 특히, 삶을 변화시키려고 한다면 더더욱 큰 노력이 뒷받침되어야 한다.

한번은 업무에 적용해야 할 새로운 기술이 필요했다. 나는 곧장 서점으로 달려가 신기술과 관련한 책을 구매했다. 책을 펼치고 열심히 집중하며 읽어 나갔다. 그런데, 막상 그 기술을 활용해 무언가 만들어 보려고 하니 머리가 하얗게 백지상태가 된다.

'분명 하나씩 집중하며 읽었고, 다 이해됐다고 느꼈는데 왜 기억나는 게 별로 없지?'

'내가 이렇게 머리가 나빴었나? 그래도 나름 똑똑하다는 소리를 들었

는데.'

　여러 복잡한 생각에 휩싸였다. 내 업무와 관련한 기술 서적은 일반 책보다는 크고 두껍다. 일반적으로 A4 크기에 400~500페이지 정도이다. 이미 알고 있는 부분이 있다면 모를까 거의 처음부터 끝까지 읽어 나가야 한다. 책을 다 읽긴 했지만, 실무에 적용하려면 내용을 응용하고 활용할 줄 알아야 하는데 용어 정도만 기억날 뿐 상세한 내용이 기억나지 않았다. 보통 두꺼운 책을 읽다 보면 책의 후반부쯤 되면 앞부분이 기억나지 않는 게 일반적일 것이다. 아마도 처음 보는 책을 한 번만 읽고 모든 걸 기억한다면 신이 내린 축복을 받은 사람일 것이다.

　업무에 필요한 기술이다 보니 나는 필사적으로 다시 보기 시작했다. 읽기에서만 그치지 않고 책에 나온 내용과 관련된 자료를 수집하고 영상 등을 시청하며 정리하고, 책 속에 있는 예시 등을 따라 하면서 읽어 나갔다. 이렇게 읽으니 초반엔 진도도 느리고 힘들었지만, 시간이 지나면서 이해되는 범위가 늘어나기 시작하니 빠르게 읽혔다. 처음엔 책 속 예시를 따라 해도 이해되지 않았던 부분들이 읽기만 해도 어떤 동작인지 머릿속에 그려지며 이미 이해된 부분은 넘어가기도 했다. 책의 대부분 내용이 이해되면서 응용으로까지 이어졌다. 책 속 예시에 내 생각을 덧붙여 여러 다양한 방법들로 예시를 변형했다. 책 한 권으로 모든 것을 다 이해할 수는 없었지만, 실무에 필요한 요소들을 다양하게 응용하며 책을 읽으니 실무에 적용하기엔 충분했다.

단 한 권을 읽어도 생활에 적용하고 삶을 바꿀 수 있는 책은 이 세상에 넘쳐날 정도로 많이 있다. 그러나 책을 읽기에서만 끝난다면 아무리 좋은 책을 많이 읽어도 내 삶으로 가져오기는 어렵다. 결국, 책에 있는 수많은 지식과 경험 그리고 방법을 내 삶으로 가져오는 것은 책을 어떻게 읽느냐에 따라 달라지는 것이다.

삶을 변화시키고자 시작한 독서를 그저 책을 읽는 것으로만 생각하여 열심히 읽기만 한다면 아무런 목적도 방향도 없이 나아가는 것과 같다. 어떤 책을 읽어야 하며, 책에서 어떤 삶의 교훈을 얻고자 하려는 것인지 생각해야 한다. 그렇게 얻은 교훈을 통해 어떻게 실천할 것인가를 계획하고 행동에 옮겨야 한다. 그리고, 행동으로 얻은 경험을 글로 쓰면서 다시 한번 돌아보고 꾸준히 할 수 있는 방법을 찾아 끊임없이 노력해야만 비로소 삶의 변화가 찾아온다. 나 역시도 얼마 되지 않은 시간이었지만, 독서로 변화의 방법을 찾아내고 끊임없이 노력하며 과거와는 다른 삶을 만들어 가고 있다. 이 글을 읽고 있는 당신도 단순히 책 읽기에만 집중하지 말고 책 속에 들어있는 삶을 변화시키는 방법을 하나둘씩 실천해 나아간다면, 독서를 통해 충분히 변화를 만들어 낼 수 있다.

입체적 독서로 독서의 질을 높여라

    독서는 단순히 책 읽기만 하는 것이 아니라 다양한 방법으로 접근하는 게 좋다. 그러나 만약 독서를 시작한 지 얼마 되지 않은 초보 독서가라면 우선 책과 친해지는 것을 권장한다. 책과 친해지지 않은 상태에서 다양한 방법으로 책을 읽는 건 고통이 동반되어 오히려 독서를 어렵게만 생각하게 된다. 분명, 책에는 많은 정보와 지식이 들어있지만, 처음부터 책의 내용에 집중하며 읽으려고만 하면 책 읽는 속도가 느려 '지루하다'라는 생각이 들면서 오히려 책을 더 멀리하려는 마음이 생길 수 있다. 나의 경우는 독서를 처음 시작했을 때, 한동안 책과 친해지기 위해서 내용에 집중하기보다는 책을 손에서 놓지 않는 것을 우선순위로 두었다. 책과 조금씩 친해지면서 자연스레 내용에 집중하게 되었고, 내용이 눈에 들어오기 시작하니 책 속에서 언급되거나 추천하는 또 다른 책을 꼬리를 물면서 계속 읽게 되었다. 그렇게 책을 읽으면 읽을수록 읽고 싶은 책들이 점점 늘어나고 읽으려는 책이 쌓이게 되면서 자연스레 독서 습관이 만들어졌다.

독서 습관이 만들어지는 이때 중요한 것 중 하나가 독서에 대한 자세이다. 자신이 좋아하는 분야의 책만 계속 읽으면 편향적인 생각에 빠지기 쉽다. 독서 습관을 유지하기 위해 어느 정도 좋아하는 분야의 책을 읽는 것은 좋지만, 너무 한 분야의 책만 읽으면 생각이 한 방향으로 치우쳐져 나와 생각이 다른 모든 것들이 잘못된 것이라는 편견에 빠지게 된다. 이러한 편견에 빠지지 않으려면 다양한 분야와 여러 작가의 책을 읽는 것이 필요하다. 같은 주제의 책도 저자에 따라 다르게 해석하고, 저자마다 각자의 상황에 따라 자신이 경험한 것을 이야기한다. 책 속에 있는 다양한 이야기를 읽고 자신의 상황에서 생각해보며 갇혀있던 생각을 확장해 나가야 한다. 그리고, 확장된 생각을 통해 깨달음을 얻고 그렇게 얻은 깨달음을 자기 삶에 적용하면서 차별화된 자신만의 방법을 찾아가는 독서를 해야 한다.

나의 아들은 평소 음식을 먹을 때 자신이 좋아하는 음식만 골라 먹는다. 처음에는 '그 나이 때 아이들이 다 그렇지, 뭐.'라고 생각하며 대수롭지 않게 여겼다. 나는 어릴 적 먹을 것이 많이 없어 먹고 싶은 음식을 맘껏 먹지 못하고, 맛을 떠나서 음식이 생기는 대로 먹어야 할 정도로 배고픔 속에서 자랐다. 그래서인지 나중에 아이를 낳으면 내 아이들에게는 먹고 싶은 것은 마음껏 먹게 하고, 먹기 싫은 음식은 억지로 먹이지 않겠다고 무의식적으로 생각하고 있었던 것 같다.

그러나, 아들이 좋아하는 음식만 골라 먹으려고 하니 자기 입맛에 맞는 음식(주로 인스턴트)이 나올 때는 폭식을 하고 그렇지 않으면 아예 눈길도 주지 않았다. 좋아하는 음식만 골라 폭식해서 먹으니 점점 살이 찌면서 움직임이 둔해지고 신경이 예민해지는 모습을 옆에서 지켜보며 생각이 달라지기 시작했다. 급기야는 살이 급격히 불어나 몸이 비대해지고 잔병치레가 많아지면서 건강 상태가 나빠져 병원을 자주 다니게 되는 시점까지 가게 되었다. 결국, 특별 조치로 집 안에 있는 모든 인스턴트 식품을 치워버리고, 식사 시간 이외에는 최대한 아무것도 먹지 못하게 했다. 한동안 배고픔에 몸부림치며 많이 힘들어하는 아이의 모습을 보며 마음이 약해져 '내가 아이한테 너무 모질게 하는 건가?'라고 생각이 들었지만, 아이의 건강을 생각하며 굳은 심정으로 마음을 붙잡았다.

어느 정도 시간이 지나자 아이가 점점 음식에 대한 욕심이 사라지면서 다양한 음식을 먹기 시작했다. 전에는 눈도 마주치지 않고 손도 대지 않았던 음식을 한 번 맛보더니 "아빠 이 음식이 원래 이런 맛이었어? 눈으로 볼 때는 먹고 싶지 않았는데 맛있다"라며 맛있게 먹기도 했다. 아직은 종류가 많이 늘지는 않았지만, 이전에 비하면 훨씬 다양한 음식을 골고루 먹는다. 특별 조치를 했을 때 운동도 함께 시작했더니, 병원에 다니는 횟수가 현저히 줄어들었다. 아이가 음식을 골고루 먹으면서 건강한 모습으로 달라지는 게 보이니 진행 과정은 조금 힘들었지만, 그 당시 내 선택에 대해 '잘했구나'하는 생각이 들며 아주 흐뭇해졌다.

예전의 내 아들처럼 독서를 편식하듯이 좋아하는 책만 읽게 되면 그 책에 있는 정보만 입력되어 편향적인 지식이 쌓여 자신이 알고 있는 것만이 정답이라고 생각하는 독선적인 사람이 될 수 있다. 아이가 음식을 골고루 먹으며 다양한 영양분을 섭취하여 건강한 삶으로 변화를 이끌었듯 독서할 때도 많은 분야와 여러 작가의 책을 골고루 읽으며, 다양한 생각과 지식 속에 있는 고품질의 영양분을 섭취할 수 있는 독서의 질을 높여야 한다. 질 높은 독서를 통해 나오는 다른 생각과 의견을 가진 존재를 인정하고 이해하며, 독선적이지 않은 건강한 생각을 하는 자신을 만들어 가야 한다.

나는 직장의 업무로 인해 인터넷 강의를 자주 찾아 듣곤 한다. 처음에는 주로 무료 강의를 들으며 감을 익히기도 하는데, 특히 새로운 분야일수록 무료 강의를 통해 기본적인 용어나 방향을 파악한다. 요즘에는 무료 강의도 좋은 강의들이 많다. 또한, 예전의 유료 강의들이 무료로 풀리는 경우도 종종 있다. 무료 강의를 듣다가 동일 강사의 심화 과정이 유료로 있으면 자연스레 전환한다. 그러나, 동일 강사의 과정이 없으면 다른 강사의 심화 과정을 찾아 전환한다.

어떤 강의는 기억에 오래 남고 어떤 강의는 기억이 전혀 나지 않는 경우가 있었다. 그 이유를 살펴보니 강의 내용이나 강의 방식에 따라 다를 수도 있겠지만, 강의를 들으면서 얼마나 입체적으로 생각하고 관련 정보를 찾아보며 시청했느냐에 따라 달라졌다. 금방 잊히는 강의는 강의를 틀어놓고 다른 업무를 보거나 다른 생각을 하며 귀로 듣고 눈으로는 보고 있지만, 뇌에서 의식하지 않은 형태로 듣던 강의였다. 강사에게 죄송하지만 그렇게 들었던 강의는 평을 안 좋게 했던 기억이 있다. 그리고, 부끄럽지만 강의 제목도 기억 못 해 나중에 다시 들었던 적도 있었다. 반대로, 기억에 오래 남았던 강의는 단순히 보고 듣는 것을 넘어 강의 도중에 중간중간 멈추면서 '나라면 어떻게 했을까?'라고 생각하며 생각한 것을 노트에 기록했다. 또한, 실습해야 하는 것은 전부 실습하고 강의가 끝나면 노트에 기록했던 것을 다시 한번 보면서 실천이 가능한 것은 실천해보며 바로 업무에 적용했다.

독서도 책의 내용이나 전달하는 방식에 따라 다르겠지만 내가 얼마나 책의 내용을 여러 방향으로 고민하고 내 것으로 만들어 가며 읽었느냐에 따라 다르다. 눈으로만 읽으면 아무것도 기억에 남지 않는다. 한 챕터, 한 문단을 읽어도 저자가 책을 통해 이야기하고자 하는 게 무엇인가를 생각하며 읽어야 한다. 또한, 저자의 이야기에 대해 자신은 어떤 생각이 들었으며, 깨달은 바가 있다면 그것이 무엇인지 기록한다. 그렇게 기록한 것을 반복해 읽으며 자기 삶에는 어떻게 적용할 수 있을지 고민하면서 책을 읽어야 좀 더 질 높은 독서가 된다.

독서가 어느 정도 익숙해지면 다양한 분야로 범위를 넓혀야 한다. 어릴 적 음식을 먹을 때 어른들에게 '편식하지 말라'라는 말을 자주 들어봤을 것이다. 우리 신체 기관은 비타민, 단백질, 탄수화물 등 다양한 영양분이 있어야 한다. 영양분을 골고루 섭취하지 않으면 몸에 이상이 생겨 허약해지거나 병이 생길 수 있다. 이처럼 우리의 뇌도 다양한 지식과 정보가 있어야 한다. 편식하듯 관심이 있는 분야의 책만 읽게 되면 생각이 편중되어 옳고 그름을 분별하지 못하게 되며, 잘못된 방향으로 이끌려 갈 수 있다. 몸의 영양분을 골고루 섭취하듯 책도 다양한 분야의 책을 읽어 생각의 범위를 넓혀야 한다. 또한, 책을 읽을 때는 단순히 읽기에서 끝나는 것이 아니라 작가가 전달하고자 하는 이야기가 무엇인가를 생각하고, 내가 느끼고 깨달은 것은 어떤 것임을 기록하며, 기록한 내용을 다시 살펴보며 내 삶에 어떻게 적용할 수 있을 것인가를 찾아 실천하는 입체적인 독서를 해야만 비로소 삶의 변화가 시작된다. 입체적인 독서를 통해서 독서의 질을 높이고 삶의 변화를 느끼는 순간을 꼭 경험해보길 바란다.

독서 후 사색, 하루를 바꾼다

"배우기만 하고 생각하지 않으면 얻음이 없고, 생각만 하고 배우지 않으면 위태롭다."

공자의 《논어》에 나오는 문장이다. 성장은 타인에게 무언가를 배울 때가 아니라 배운 것을 떠올리며 스스로 복습하고 행동하는 과정에서 나타난다. 독서를 하는 것도 책을 통해 책의 저자로부터 가르침을 받는 것이기에 읽는 것에서만 끝나는 것이 아닌 사유가 필요한 것이다.

나는 책을 주로 새벽에 읽는다. 새벽이 주는 고요함도 있고, 하루 중 가장 머리가 맑은 상태가 새벽이기 때문이다. 처음에는 낮이나 저녁 시간에 책을 읽곤 했다. 그런데 그 시간에는 내 주변에 방해 요소가 많아 책을 집중해서 읽지 못하고 대충대충 읽는 경우가 많았다. 그렇게 책을 읽고 나면 분명 책은 읽은 것 같은데 머릿속에 남은 것은 거의 없었다. 가볍게 읽는 책은 상관없지만, 자기계발서나 인문, 경영서 같은 책은 집중해서 읽지 않으면 내용이 이해도 안 되고, 머릿속에도 남는 게 없어 책을 읽지 않은 것과 똑같은 상태가 된다. 다른 이유로 새벽 기상을 시작했지만, 새벽 시간을 활용해 책을 읽으니 책 읽기에 집중할 수 있었다. 또한, 어느 정도의 시간 확보와 집중이 잘 되니 책을 읽는 양이나 속도가 급격히 늘었다. 책의 내용도 낮이나 저녁에 읽었던 때와 다르게 머릿속에 유지되는 시간이 길어졌다. 그리고, 무엇보다 책을 읽은 뒤에 책의 내용을 곱씹으며 무엇을 읽고 깨달았으며, 방해 요소가 없어 '오늘 하루 내 삶에 적용할 수 있는 것이 어떤 게 있는가?'에 대한 생각하는 시간을 가질 수 있는 것이 가장 좋았다. 가끔 다른 일로 인해 사색하는 시간을 건너뛸 때가 있는데 사색했을 때와 안 했을 때의 하루가 확연히 다른 것이 느껴졌다. 지금은 단 한 문장을 읽더라도 읽은 문장 속에서 나는 어떻게 생각하고, 내 삶에는 어떻게 적용할 수 있을까를 찾기 위한 시간을 만들고 있다.

독서를 마친 뒤에는 혼자만의 공간이 있는 조용한 곳에서 사색하는 것이 좋다. 다른 방해 요소가 많으면 사색하기가 어렵다. 힘들게 책에서 좋은 것을 보고, 느꼈는데 그것을 내 것으로 만드는 과정인 사색의 시간을 바로 가지지 못하면 도로 아미타불이 될 가능성이 크다. 낮이나 저녁 시간은 약속도 많고 주변에 사람들이 없는 곳을 찾기가 힘들다. 특히 아이들이 어린 가정이 있는 나와 같은 경우는 집에서조차 혼자만의 시간과 공간을 만들기가 어렵다. 방에 들어가 조용한 공간을 만들려고 해도, 조금만 있으면 아이들이 아빠를 찾아 방으로 들어와 방해하기 시작한다. 처음엔 아이들이 조용히 문을 열고 들어오지만, 방에 있는 물건들을 이것저것 만지면서 질문을 하며 계속 말을 걸어 책 읽기조차도 힘들다. 혼자만의 공간을 만들기 위해 계속된 고민 끝에 새벽 시간을 활용하면서 모든 게 해결되었다. 공간이 문제가 아니라 시간대가 문제였던 것이었다. 새벽 시간에 홀로 일어나니 조용하고 방해 요소도 사라진 것이다. 새벽에 일어나 창문을 바라보면 주변이 조용하다. 가끔 도로 위를 지나다니는 차만 있을 뿐 걸어 다니는 사람도 거의 없다. 새벽은 가족들도 모두 잠자고 있어 조용히 책상에 앉아 책을 읽으며 사색하기에는 최적의 시간이었다. 앞서 이야기했듯이 새벽에 일어나 책을 읽고 난 뒤 읽었던 내용을 되돌아보며 사색하는 시간을 가졌을 때와 아닌 경우는 차이가 컸다. 사색하는 시간을 가진 날은 그날 읽었던 내용이 계속 머릿속에 맴돈다. 예를 들어 그날 긍정적인 생각을 하라는 메시지의 글을 읽었다면 신기하게도 그날 하루는 힘들거나 어려운 일이 있어도 내용이 떠올라 할 수 있다는 생각으로 일을 진행해 나간다. 반대로 사색하는 시간을 갖지 못한 날은 힘들거나 어려운 일이 있으면 하지 말아야 할 이유를 찾으며 불평불만을 하는 경우가 많았다.

단순히 읽기만 하는 독서는 삶의 변화를 크게 만들지 못한다. 그리고 삶의 변화를 위해 선택한 책은 틈새 시간에 가벼이 읽기보다는 일정한 시간을 뭉텅이로 만들어 집중해서 읽는 것이 좋다. 또한, 사색하는 시간을 통해 책에서 보고, 느끼고, 깨달은 것을 되새기며 삶에 어떻게 적용할 것인가를 고민해 가면서 책을 읽어야 한다. 그래야 하루가 달라지고, 1년이 달라지며, 인생이 달라진다.

회사에서 신규 프로젝트를 진행하면 보통 매일, 매주, 매월 수행한 업무 내용에 대해 검토한다. 검토의 가장 큰 공통적인 목적은 '진행 상황 확인'이지만 기간별로 나눠서 하는 이유는 기간별 목표, 필수 참여자, 주제가 다르기 때문이다.

매월 진행하는 검토는 한 달을 돌아보며 진행했던 업무의 성과를 공유한다. 한 달 동안 이룬 성과가 어떤 것이며, 그것을 이루기 위해 무엇을 했고 어떠한 어려움이 있었다는 것이 주된 내용이다. 그리고, 다음 달에는 어떤 것을 진행할 것인지 계획을 이야기하며 예상되는 이슈를 공유하여 미리 예방하도록 한다. 이때는 프로젝트에 참여하는 관련자 모두가 참석하여 진행 성과를 확인하고 이슈 예방을 위한 방안을 서로 이야기한다.

매주 진행하는 검토는 한주의 업무를 하면서 얻은 지식과 정보를 공유한다. 나는 이것을 '위클리 테크 리뷰'라고 부르며 이 시간은 업무의 진행 상황은 짧게 이야기하고 주로 기술과 관련하여 자신이 향상되었거나 동료의 기술 지식 발전에 도움이 되는 이야기를 한다. 이때는 프로젝트에서 관련 업무를 진행하는 팀이나 부분 단위의 인원만 참석하여 서로가 준비한 자료를 발표하고 의견을 공유한다. 초반에는 팀원들이 무엇을 이야기할지 몰라 상당히 부담을 느끼는 것 같더니 검토의 목적과 방향을 이야기하면서 편하게 토론하는 분위기로 만드니 이 시간을 제일 즐거워한다.

마지막 매일 진행하는 검토는 하루라는 시간에 대해 소중함을 깨닫는 시간을 갖는다. 분명 아침에 무엇을 할지 계획을 하고 업무를 진행한다. 그 계획이 잘 이뤄졌는지, 업무를 진행하는 과정에서 어려움은 없었는지, 시간을 허투루 보낸 건 없는지 등을 확인하는 시간이다. 이때도 주간 단위 검토와 마찬가지의 팀원들이 참여하지만, 주간 검토보다는 짧게 진행한다.

이처럼 프로젝트를 진행하면서 지금까지 무엇이 완료되었는지, 진행하는 과정에서 문제는 없었는지, 앞으로 무엇이 남았고 어떻게 해야 하는지를 중간중간 점검하며 과거를 되돌아보고 미래를 대비한다. 이 과정이 얼마나 잘 진행되느냐에 따라 프로젝트의 결과는 크게 차이가 난다. 독서할 때도 마찬가지로 읽은 것을 되짚어보며 점검하는 시간을 갖는 것과 그렇지 않은 것의 차이는 크다. 내가 책을 통해 얻고자 한 것이 무엇이며, 읽은 내용에서 무엇을 느끼고 깨달았고, 어떤 것을 삶에 적용할 것인가? 등을 돌아보며 사색하는 것이 그만큼 중요하다는 것이다. 사색하는 시간을 갖지 않으면 책을 통해 얻은 귀한 지식과 지혜가 금방 머릿속에서 사라져 삶의 변화를 가져오기 위한 계획이나 실천이 잘 이뤄지지 않는다. 제대로 된 독서를 하기 위해서라도 독서가 끝나면 잊지 말고 돌아보는 시간을 갖는 것이 좋다.

책을 읽는 것에서만 끝나는 독서는 책을 읽었다는 성취감만 느낄 뿐 변화를 끌어내지 못한다. 사색한다는 것은 어떤 것에 대하여 깊이 생각하고 이치를 따지는 것을 말한다. 단순히 생각하는 차원을 넘어 자기 내면 깊은 곳에 있는 나와 대화하며 독서를 통해 얻은 것을 깊이 생각하고 자기 삶에 어떻게 적용할 것인가를 따져봐야 한다. 결국, 그 시간을 통해 자신의 하루를 바꾸고, 달라져 가는 하루하루가 삶을 바꾸고 인생을 바꾸게 한다. 인생의 변화를 결심했다면 단순한 책 읽기에서만 그치지 말고 독서 후 사색의 시간을 통해 자신을 성찰하고, 삶에 어떤 것을 적용해 나아갈 것인가를 만들어 가길 바란다.

책마다 얻고자 하는 목표를 세워라

책을 읽을 때는 먼저 내가 이 책을 읽으려는 이유가 무엇인가를 생각하며 읽어야 한다. 아주 가끔은 우연히 읽은 책에서도 커다란 도움을 얻기도 하지만, 보통 지인 추천이나 광고를 보고 좋은 책이라 생각해 고른 책을 읽으면 아무것도 얻지 못할 때가 많다. 오히려 책을 읽는 시간만 낭비하게 되는 경우도 상당수 있다. 분명 책을 읽었던 기억은 있지만, 책 속의 내용이 전혀 기억나지 않거나 심할 때는 책의 제목조차도 기억하지 못하고 서점에 가면 그 책을 다시 집어 드는 일도 종종 있었을 것이다. 책을 읽으려는 목적과 책 속에서 얻고자 하는 목표가 없기에 그런 것이다. 목적이나 목표가 없이 읽은 책은 대부분 깨끗하다. 다 읽으면 다시 팔려고 하는 게 목적인가? 그게 목적이라면 차라리 인터넷에서 서평이나 후기를 찾아보는 게 더 돈을 절약할 수 있다. 바쁜 일상에서 시간을 투자해 독서하는데 아무것도 얻지 못하고, 책 이름조차 기억하지 못한다면 이 얼마나 안타까운 일인가? 만약 정말로 그런 사람이 있다면 자신에게 '왜 독서를 하지?'라고 한 번쯤 물어보길 바란다.

　많은 직장인이 회사에서 업무를 하다 보면 미팅이나 회의를 자주 한다. 특히 프로젝트가 진행되면 더 많아진다. 일간, 주간, 월간 보고 회의부터 시작하여 업무 협의, 리뷰 회의, 검토 회의 등 수없이 많은 미팅이나 회의가 있다. 문제는 회의의 목적이 무엇인가에 대한 것이다. 가끔 목적도 없는 회의나 미팅하고 나면 '시간만 소비했구나!' 하는 생각과 함께 허무함이 찾아온다. 프로젝트에서 이런 회의가 많을수록 문제의 프로젝트로 진행되는 경우가 많다. 이런 목적 없는 회의의 대부분은 일을 진행하면서 발생하는 문제점들을 해결하고자 시작하지만, 결국은 주체자가 하고 싶은 이야기만 일방적으로 하거나 쓸데없는 잡담만 하다가 끝나는 경우가 많아 회의에 참석한 사람들의 시간만 빼앗기는 꼴이 되어버린다.

　이런 이유로 나는 다수가 모이는 회의는 일별, 주별, 월별로 진행되는 정기적 회의만 하려고 노력한다. 회의 시간을 최소화하고자 회의가 시작되면 업무 진행 상태만 1분 이내로 간략하게 각자 브리핑하고, 전달할 사항만 이야기하고 끝낸다. 대신 회의 시작 30분 전에는 미리 자신이 이야기하고자 하는 내용에 대한 키워드를 단체 메신저에 미리 공유하도록 한다. 긴급하게 회의해야 하는 경우가 발생하면 회의 시간을 최소화하기 위해 회의 시작 전에 회의 주제와 목적을 알리고 검토 자료가 있으면 공유하여 사전에 참석자들이 숙지하고 오도록 한다.

책을 읽을 때도 사전에 표지, 저자 약력, 목차, 프롤로그 등을 읽으면서 내가 이 책을 선택하고 읽으려는 목적이나 얻고자 하는 목표를 생각하고 읽어야 한다. 독서는 책의 저자와 대화하는 것이다. 상대가 눈에 보이지는 않지만, 회의나 미팅하는 것과 다를 바가 없다. 아무런 목적도 목표도 없이 책을 읽는다는 것은 시간만 낭비할 뿐이다. 대부분의 저자는 자신의 책을 통해 독자들이 긍정적인 방향으로 변화되기를 바라는 마음에서 책을 쓴다. 회의에 아무 생각 없이 참석하여 시간만 낭비하는 불상사가 없기를 바라듯, 책도 마찬가지로 읽기 전에 무엇을 얻을 것인지 목표를 가져야 진정한 독서의 가치를 느낄 수 있다.

최근에 굉장히 힘들었던 프로젝트를 리딩한 적이 있었다. 고객은 프로젝트의 진행이 너무 느려 성과물이 거의 없다며 강하게 이의제기를 요구했다. 팀원들은 팀원들대로 불만이 쌓여있었다. 요구사항이 너무 많아 이제는 힘들다며 일을 못 하겠다고 하는 상황이 이었다. 프로젝트를 처음부터 참여하여 함께 했다면 덜 억울할 텐데 상황이 많이 안 좋은 상태에서 합류하여 엄청난 압박에 시달렸다. 보통 프로젝트 중간에 투입되면 프로젝트 현황 파악을 위해 어느 정도 시간을 준다. 그런데, 당시 내가 투입되는 시점에서는 파악하는 시간조차 주지 않고 바로 성과물을 내놓아야 하는 상황이었다. 이런 난국을 해결해야 하는 나로서는 참으로 난감한 상태였다. 아마도 예전에 나였다면 내가 벌려놓은 것도 아닌 일을 책임져야 하는 상황이 싫기도 하고 억울하기도 해서 어떻게든 핑계를 대고 프로젝트에서 빠져나오는 걸 먼저 생각했을 것이다.

그러나, 회사 차원에서는 새로운 분야의 비즈니스를 만들어 보고자 하는 목표가 있었고, 개인적으로도 해보고 싶었던 분야이기에 이번 프로젝트를 통해 한 단계 성장해야겠다는 목표가 있었다. 매일 새벽에 일어나 내가 프로젝트에 참여한 목적과 어떤 성장을 해야겠다는 목표를 되새겼다. 목표와 목적을 생각하며 '오늘의 목표업무'라는 이름으로 그날 하루의 할 일을 기록했다. 오늘의 목표업무가 잘 보이는 곳에 두고 수시로 확인하며 업무를 하나씩 진행해 나갔다. 하나씩 업무가 해결되는 것이 보이자 팀원들도, 고객도 조금씩 쌓여있던 감정이 풀어지며 상대방의 처지를 생각해주는 말이 나오기 시작했다. 비록 프로젝트가 계획했던 시간보다 조금 늦게 끝나긴 했지만, 최악의 상황으로 가는 것을 막아 다음 프로젝트로 연결되는 기반을 만들었고, 개인적으로도 프로젝트를 통해 많은 것을 배웠다.

무언가를 이루고자 하는 목표가 있을 때는 힘들고 어려운 일이 있어도 참고 견디며 묵묵히 나아갈 수 있다. 독서 또한 마찬가지다. 한 권의 책을 읽고자 집어 들었다면 책에서 무언가를 얻기 위해서거나 다른 분명한 이유가 있을 것이다. 꼭 책의 내용에서 얻는 것이 아니더라도 책을 읽는 동안 나는 무엇을 배울 것인가를 먼저 생각하고 책 읽기를 시작하면 최소한 중도 포기하지 않고 끝까지 읽어낼 수 있는 인내와 끈기를 배울 수 있다. 책에는 수많은 사람의 경험과 지식 그리고 정보가 들어있다. 다만, 내가 미처 발견하지 못할 뿐이다. 책을 통해 '무엇을 얻을 것인가?' 생각하며 목표를 가진 독서를 한다면 책은 수많은 지식과 정보 그리고 지혜를 나에게 줄 것이다.

나는 오프라인이나 온라인 서점에 가면 제일 먼저 마음에 드는 제목을 보고, 목차를 하나씩 살핀다. 오프라인의 경우 프롤로그나 에필로그까지 읽어본 뒤 내가 원하는 것을 이야기하는 것인지를 확인한다. 온라인의 경우는 먼저 읽은 분들의 서평이나 댓글 등을 보면서 원하는 내용이 있는지 확인하고 책을 고른다. 이 과정이 다소 시간이 걸리지만 그만큼 책에서 얻고자 하는 목표를 분명히 해야 독서에 집중하며 깨달음과 삶에 적용할 많은 것을 얻을 수 있다.

목표는 나침반과 같다. 새로운 길을 나아갈 때 나침반이 없으면 목적지를 찾지 못하고 헤매다가 포기하게 된다. 책을 읽을 때도 '무엇을 얻을 것인가?' 하는 목표가 없으면 책에 집중하지 못하고 책 속의 글자만 눈으로 읽다가 중도 포기하고는 '독서는 정말 나랑 안 맞는다'라는 생각만 들게 만든다. 책을 고를 때는 분명 '이 책을 읽고 싶다'라는 마음이 들어 책을 집어 들었을 것이다. 그러면 자신이 집어 든 책에서 무엇을 얻을 것인지 분명한 목표를 가지고 책을 읽어야 비로소 책은 당신에게 고개를 들고 자신이 가지고 있던 지식과 정보를 전달할 것이다. 길에서 헤매지 않기 위해 나침반을 들고 가듯이 책 속의 길에서 헤매지 말고 얻고자 하는 목표를 정하고 책을 읽어야 한다. 그렇게 읽은 책 속에서 얻은 지식과 지혜가 하나둘씩 쌓여 당신의 삶에 적용되면 비로소 인생의 변화가 찾아올 것이다. 지금까지 열심히 책을 읽었음에도 변화를 느끼지 못했다면 지금부터 책에서 무엇을 얻을 것인지 목표를 가지고 책을 읽어 나가라. 그럼, 책이 당신에게 나아갈 길을 알려줄 것이다.

독서에 절실함을 추가해라

삶의 변화를 만들기 위한 독서에서 '절실함'은 필요한 요건 중 하나라고 생각한다. 독서할 때 '절실함'이 없으면 삶의 변화보다는 여유시간을 활용하는 단순한 취미생활로 생각하게 되기 때문이다. 취미 삼아 하는 독서로는 삶을 변화시키기가 어렵다. 취미는 보통 여유로운 시간을 즐기기 위한 목적이기 때문이다. "간절히 원하면 반드시 이루어진다."라는 말처럼 삶의 변화를 통해 성공한 인생을 만든 사람들은 대부분 자기 삶의 변화를 절실하게 꿈꾸었던 사람들이다. 그들은 무엇을 하든 항상 절실함을 가지고 최선을 다하여 변화하고자 노력했기에 성공이라는 열매를 얻은 것이다. 독서함에도 간절한 마음으로 치열하게 책을 읽으며 책 속에서 지금의 자신이 가진 것보다 더 많은 걸 배우려고 한다.

또한, 배운 것은 반드시 자기 삶에 적용하고 자신의 인생을 성공적인 방향으로 변화시키려고 노력한다.

처음 회사생활을 시작했을 때 나는 함께 입사한 동기들에 비해 실력과 스펙이 상당히 부족했다. 학창 생활은 열심히 했지만, 회사에 입사해보니 실무와 많이 동떨어져 있는 내용을 공부했었던 것이었다. 입사후 얼마 지나지 않아 회사에서 신입사원들에게만 각자에게 주어진 기술을 활용하여 실현할 수 있는 결과물을 만들라는 과제를 줬다. 동기들과 비교해 실력이 상당히 모자란 나는 '과제에 성공하지 못하면 회사에서 제일 먼저 잘리겠구나.' 하는 생각이 들었다. 내가 회사에서 살아남기 위해 제일 먼저 선택한 것은 시간 투자였다. 남들보다 앞서려면 아니 최소한 따라잡으려면 남들보다 더 많은 시간을 투자해서 공부해야 한다고 생각했다.

퇴근하는 길에 출퇴근 시간까지도 아껴서 사무실에 남아 공부해야겠다고 다짐하며 집에 들어갔다. 그러고는 다음 날에 일주일 동안 입을 옷을 가방에 싸서 회사로 출근했다. 커다란 옷 가방을 들고 사무실에 들어서니 마주치는 사람마다 집에서 가출했냐고 농담했다. 나는 여기서 생존하지 않으면 앞으로 이 바닥에서 살아남지 못할 것이라는 생각에 다른 것은 생각할 여유가 없었다. 매일 저녁에 야근으로 남아있는 선배가 있으면 그를 찾아가 양해를 구하고 이것저것 질문을 했다. 다행히 모두 친절하게 질문에 답을 해주었고, 덧붙여 조언까지 해주었다. 선배들이 알려주는 것들을 모두 빠짐없이 기록해 놓고 선배들이 퇴근하면 혼자 남아 받아 적은 조언을 받은 내용을 복습하며 공부했다. 새벽이 되어 졸음이 밀려오면 사무실 의자를 뒤로 눕혀서 잠깐 눈을 붙이고, 직원들이 출근하기 전에 일어나 일과 준비하기를 매일 반복했다.

그렇게 시간이 흘러 각자의 과제를 발표하는 날이 다가왔다. 발표는 회사 대표와 임원들 앞에서 자신에게 주어진 기술 분야에 대한 브리핑과 기술을 활용한 결과를 시연하는 형식이었다. 다들 긴장한 모습으로 자신의 발표를 기다리고 있었다. 나는 마지막 발표자였다. 하나둘씩 발표를 마치고 나오는 모습을 보니 더욱 긴장되었다. 내 차례가 되어 발표장에 들어갔다. 발표 대에 서서 회사의 대표와 임원들의 모습을 보니 머릿속이 백지상태가 되었다. 어디서부터 말을 해야 할지 몰라 어쩔 줄 모르는 내 모습에 "그동안 준비 많이 했잖아. 준비한 걸 학생들에게 이야기한다 생각하고 편하게 말해요!"라는 팀장님의 한마디 말에 정신을 차리고 발표를 시작했다. 준비한 모든 것을 발표하고 마지막 시연까지 마친 뒤 발표장에서 나가려고 하는데 대표님이 "그동안 고생 많았어요."라고 한마디 하셨다. 나는 그 말이 '고생했지만 더는 다니긴 어려울 것 같아요'라고 들렸다.

다음 날 팀장님이 불러 마음의 준비를 하고 팀장님께 갔다.

"고생 많았어요. 대표님이 그렇게까지 칭찬하실 줄은 몰랐네요. 경희

씨에게만 수고했다고 말씀하시고 하하 경희씨 다시 봤어요"라며 팀장님이 이야기했다.

'어라? 무슨 의미지?'라며 생각하고 있는데 팀장님이 다음 말을 이어서 했다.

"앞서 했던 다른 사원들은 모두 데모 시연을 못 했어요. 그리고, 경희 씨한테 주어진 과제는 국내에 적용사례가 거의 없는 기술이라 대표님이 실현 가능성에 대한 기대가 제일 낮았는데 경희 씨가 가능성을 보여준 거죠."

나중에 알았지만 내가 맡았던 기술은 해외에서 만들어진 지 얼마 되지 않은 기술이었고, 가능하다면 최초로 시도해보고자 했던 기술이었다. 과제를 진행하면서 물어볼 곳이 없어 많이 힘들었지만 다른 동기들도 모두 같은 조건일 것이라는 생각했다. 스펙과 실력이 부족한 나로서는 이걸 성공시키지 못하면 여기에서 살아남을 수 없다는 절실함으로 진행한 것이 커다란 성과를 만들었다. 나중에 같은 조건이 아니라는 말에 살짝 억울함을 느꼈지만, 그 악조건 속에서도 나만 성공했다는 것에 커다란 보람을 느꼈다.

아마도 당시에 절실함이 없었다면, 과제에 성공하지 못했을 것이다. 많이 부족했던 내가 과제 성공이라는 커다란 열매를 얻을 수 있었던 비결은 바로 '절실함'이었다. 지금도 새로운 것을 시도할 때면 그때의 내 모습을 떠올리며 나 자신에게 '할 수 있다'라고 다짐하곤 한다.

독서를 하는 것은 새로운 경험을 배우고 느끼는 것이다. 누구도 경험하지 않은 저자만의 이야기와 메시지를 새롭게 알아가는 것이다. 이 과정에서 절실함을 갖는다면 저자의 메시지가 더욱 뚜렷하게 보이고 자신이 무엇을 해야 할지를 알게 되는 경우가 많다.

독서의 매력에 빠져들기 직전까지 나는 여러 가지로 매우 힘든 상태였다. 믿고 따랐던 사람에게 커다란 실망을 느끼며 매일 술과 함께 보내면서 세상에 불만으로 가득 차 있었기 때문이다. 그러던 어느 날 갑자기 몸이 아파 병원에 입원하게 되었는데, 그동안 병실을 보호자로 오거나 몇 시간 정도 있던 게 전부였던 나에게는 며칠을 입원해야 하는 게 낯설었다. 병상에 누워 '내가 무엇을 잘못해서 이렇게까지 되었지?' 하는 생각과 함께 많은 생각이 들었다. 수많은 생각 속에 '이러다 내가 죽으면 내 가족들은 어떻게 살아가지?'라는 생각이 문득 들면서 불안함이 밀려왔다. 두려움과 불안한 생각을 극복하기 위해 나 스스로 변화해야 한다는 생각이 강하게 들었다. 그때 우연히 눈에 들어왔던 한 권의 책이 내 인생의 방향을 잡아주었다. 간절한 마음이어서였을까? 상황은 달랐지만, 주인공의 입장이 나와 비슷하다는 생각이 들었고 변화를 갈망하는 모습에서 나를 발견했다. 나는 아무런 의심도 없이 책 속 주인공에게 주어진 미션을 따라 하기 시작했다. 하나둘씩 따라 하면서 조금씩 내 삶이 변화되는 것이 느껴졌다. 변화되는 나의 모습을 보면서 책 속에 길이 있다는 생각이 강하게 들었다. 그런 생각이 들면 들수록 더욱 치열하게 책을 읽었고, 더 많은 삶의 변화를 끌어냈다.

　취미로 삼아 읽는 독서와 절실한 심정으로 읽는 독서는 질이 다르다. 절실한 심정으로 독서를 경험했던 독자들은 공감할 것이다. 책을 고를 때부터 자신의 당시 심정이나 상황을 대변하는 제목은 눈에 확 들어온다. 그리고, 책을 읽는 내내 자신의 이야기를 대신에 해주는 것 같아 많은 부분을 공감하며 읽는다. 다 읽은 후에는 위로받아 힘을 내거나 자신이 어떻게 살아가야 할지를 찾는 경우가 많다. 이것은 단순한 취미로 읽는 독서에서는 얻을 수 없는 소중한 경험이다. 이처럼 삶의 변화를 위한 목표로 하는 독서는 절실한 마음으로 자신의 변화를 원하는 간절한 마음으로 해야 한다. 독자일 때는 잘 몰랐지만 지금 책을 쓰는 처지가 되어보니, 저자는 독자들이 자신의 책을 읽고 변화를 이끄는 동기부여가 되기를 바라는 심정으로 책을 쓴다는 것을 알게 되었다. 모든 분야의 책이 다 같은 것은 아니겠지만 자기계발서나 실용서를 쓰는 작가는 분명 나와 같은 마음으로 집필했을 것이라는 생각이 든다. 독서하는 이유나 독서를 통해 얻고자 하는 것은 사람마다 다를 것이다. 그러나, 분명한 건 변화하고자 하는 간절한 마음으로 독서하고, 깨달은 것을 실천하며 살아간다면 삶의 변화는 자연스럽게 이루어진다고 말할 수 있다.

독서 후 나만의 실천법을 세팅해라

독서는 읽기로 끝나는 게 아니라 실천으로 이어져야 제대로 책을 읽었다고 할 수 있다. 읽기에서만 끝나는 독서는 시간이 지나면 잊히는 그저 스쳐 지나가는 인연과 같다. 변화를 갈망하는 사람일수록 독서 후에는 한 가지라도 실천이 뒤따라야 한다. 그렇다고 책에 나와 있지도 않은 것을 억지로 실천하라는 것이 아니라 책을 절실한 마음으로 몰입해서 읽고 사유하며 깨달음을 얻으면 실천해야 할 것이 자연스럽게 떠오른다. 이렇게 얻은 실천 하나하나가 습관이 되고, 긍정적인 습관들이 하나둘씩 만들어지면 결국 자기 삶을 변화하게 만든다.

몇 년 전 매일 똑같은 일상에 지쳐갈 때쯤 무언가 내 삶의 변화가 필요하다는 생각이 들었다. 생각에서만 그치지 않기 위해 무엇이든 찾아서 실천하기로 마음을 먹었다. 직장인으로서 시간을 가장 많이 만들 수 있는 시간이 새벽이기에 새벽 시간을 활용하는 방법을 찾았다. 예전부터 아침형 인간을 꿈꾸며 힘들게 새벽에 일어나긴 했지만, 일어나도 무엇을 해야 할지 잘 몰라 스마트폰을 보거나 컴퓨터로 인터넷 기사나 재미 위주의 유튜브 영상을 보다가 짧게는 30분 길게는 1시간이 지나면 다시 잠이 들곤 했다. 그 당시 나는 아침형 인간이 그저 일찍 일어나기만 하면 되는 것이라고 완전히 잘못된 생각을 하고 있었던 것이었다.

새벽 시간을 활용한 책을 읽으며 여러 가지 실천법을 시도한 끝에 현재는 눈 뜨자마자 스트레칭 하기, 자리에서 일어나면 물 한 잔 마시기, 5분간 명상하기, 한 꼭지 필사하기, 떠오르는 생각을 글로 쓰기, 가볍게 운동하기, 책 읽기 등 나만의 루틴을 만들어 실천하고 있다. 이 모든 것을 한꺼번에 시작한 것은 아니다. 처음엔 매일 같은 시간에 일어나는 것에 집중했고, 조금씩 시간을 앞당기며 하나둘씩 루틴을 늘려나갔다. 기상 시간을 앞당기며 만들어지는 시간만큼 루틴을 하는 시간도 조금씩 늘렸다. 예전엔 출근 시간에 간당간당하게 일어나 허겁지겁 준비하며 출근하기에 바빴다면, 지금은 출근 전 아침 1~2시간이 확보되니 아침이 아주 여유로워졌다.

책에는 저자가 살아가면서 겪은 다양한 경험이 담겨있다. 내가 하려고 생각한 분야와 관련한 책을 찾아 읽어보면 책을 쓴 저자들의 수많은 실천 방법이 들어있다. 하지만, 중요한 건 두 가지다. 책에 쓰여 있는 모든 것을 한꺼번에 하겠다는 욕심을 버리는 것과 나만의 방식으로 만들어야 한다는 것이다. 이 두 가지만 명심하고 작은 행동부터 시작하면 분명히 달라진 자신을 발견할 것이다.

나는 독서를 할 때 몇 가지 습관적으로 하는 행동이 있다. 내가 습관적으로 하는 것을 따라 해보면 학창 시절 공부를 열심히 하고 난 뒤의 기분처럼 뿌듯함이 생길 것이다. 내가 소개하는 방법을 알고 나면 아마 굉장히 평범하다는 생각이 들 수도 있다. 하지만 이 단순한 실천법이 생각에서만 머물던 예전의 나를 바꿔 이렇게 책을 쓰는 지금의 나를 만들었다. 이제부터 내가 습관적으로 해오는 방법을 소개하겠다.

첫째, 생각이 떠오르는 문장은 반드시 밑줄을 긋는다. 글을 읽다 보면 눈에 띄는 문장들이 있다. 뭔가 나에게 말하고 있는 것 같거나 지금의 내 심정을 대변하고 있는 것 같아 읽다 보면 생각들이 막 떠오른다. 그런 문장들을 만나면 다시 읽을 때 잘 보이도록 눈에 띄는 색상으로 밑줄을 긋는다.

둘째, 책의 여백이나 포스트잇에 밑줄 친 문장에 관한 생각을 메모한다. 생각이 떠오른 문장에 밑줄을 치고, 밑줄 친 문장 옆 여백이나 문장 위에 포스트잇을 붙이고 생각을 적어놓는다. 처음엔 밑줄 치고 생각이 떠오르더라도 나중에 적어야지 생각하며 책을 계속 읽었는데, 나중에 밑줄 친 문장을 다시 읽으면 그 당시에 떠올랐던 생각은 둘째치고 왜 밑줄을 쳤는지조차 기억이 나지 않은 때가 종종 있어 밑줄을 치면 바로 생각을 적어놓는다.

셋째, 밑줄을 친 문장과 메모한 내용을 자주 볼 수 있는 공간에 옮겨 적는다. 독서가 끝나면 밑줄을 친 문장 중 가장 인상 깊은 것은 자주 볼 수 있는 공간에 따로 적는다. 처음에는 노트에 적었는데 노트는 항상 가지고 다니기 불편하고 바로 꺼내서 읽기가 힘든 상황이 자주 발생하여 요즘은 온라인 메모장 앱에 적는다. 온라인 메모장 앱은 인터넷에 접속할 수 있으면 어디서나 확인할 수 있어 집에서나 사무실에서는 컴퓨터로 읽고, 이동할 때는 휴대전화로 내용을 자주 다시 읽는다.

넷째, 옮겨 적은 내용을 매일 머릿속에 떠올린다. 적어놓은 것을 시간이 될 때마다 틈틈이 다시 읽는다. 다시 읽을 때마다 잊지 않으려고 노력하고 즉시 실천이 가능한 것은 바로 행동으로 옮긴다. 그리고 밑줄 친 당시의 생각을 다시 떠올리며 지금의 내 생각과 비교하기도 한다.

책 읽기를 하면서 실천으로 옮기는 것을 어렵게 생각하면 한없이 어려워진다. 단순히 책을 읽으면서 인상 깊은 문장에 밑줄을 치고, 떠오른 생각을 쓰면서 내 생활에 적용할 한 가지를 정하고 '일단 해보자'라고 생각하며 행동하면 된다. 그러나, 단순하다는 게 결코 쉽다는 뜻은 아니다. 처음엔 분명 귀찮고 불편함을 느끼며 거부감이 많이 든다. 운동할 때도 처음 시작할 때는 근육통이 따라오지만, 고통을 이겨내고 계속 운동하다 보면 어느 순간 근육통이 사라지듯 꾸준하게 유지해야 자연스러운 실천이 뒤따르게 된다. 그러나 명심할 것이 독서하면서 많은 것을 한꺼번에 하려는 욕심을 버려야 한다. 무리한 운동이 근육을 손상하듯 무리한 실천은 오히려 독서 자체를 싫어하게 만들 수 있다. 한 권의 책에서 한 가지만 실천한다고 생각하면 된다. 단, 책의 저자가 제시하는 방법보다는 나만의 방식으로 만들어 실천하는 것이 좋다. 나만의 방법이라고 해서 그럴듯하게 해야 할 이유는 없다. 작은 것이라도 내가 할 수 있는 것부터 시작하여 꾸준하게 쌓아나가면 그것이 나만의 방법이 된다.

독서를 하는 것! 다시 말해 책을 읽고 생각을 글로 쓰는 그 자체가 이미 실천으로 가는 첫걸음이 된다. 독서 후 실천법을 만드는 것이 변화의 시작이라고 이야기했지만, 지금 이 책을 읽고 있는 순간부터 이미 변화를 위한 실천을 시작한 것과 다름이 없다. 더 나아가 자신이 원하는 변화로 이끌어가는 방법을 찾고, 자신만의 실천 방법을 하나씩 만들면 된다. 내가 이 책에 나의 방법을 쓴 이유는 처음 시작할 때 어떻게 해야 할지 모르는 사람들에게 하나의 예시로 이야기한 것이다. 내 방법이 맞는 사람도 있을 것이고, 전혀 맞지 않을 수도 있다. 그러니, 무조건 그대로 따라 해서는 안 된다. 내가 이야기한 방법이 자신에게 맞는 방법이라면 모를까, 그렇지 않다면 그대로 따라 해서는 금방 지루함을 느끼고 오히려 독서 자체를 멀리하는 역효과가 날 수 있다. 당장 커다란 변화를 만들기 위해 욕심을 내면 금방 지쳐버린다. 동네 뒷산도 올라가

본 적이 없는 사람이 지리산, 한라산을 어떻게 한 번에 올라갈 수 있겠는가? 독서하면서 행동하는 작은 실천 하나하나가 쌓여 커다란 변화를 만들어낸다. 단 한 줄의 독서를 하더라도 깨달음을 얻었다면 반드시 실천해라. 남이 권하는 방식이 아닌 나만의 방식으로 말이다. 그것이 하나둘씩 쌓이게 되면 분명 당신은 삶에 변화가 생기는 것을 알게 될 때가 찾아올 것이다. 천 리 길도 한 걸음부터 시작한다. 당신만의 실천 독서를 시작해보자.

아웃풋 독서는 필수다

일반적으로 책을 읽는 것은 머릿속에 정보를 입력하는 것이다. 우리가 음식을 먹기만 한다면 음식의 영양분이 쌓이기만 하여 비만이 되고 신체의 많은 부분에 영향을 미쳐 정상 활동이 힘들어지는 상황으로 치닫게 된다. 음식을 먹고 나면 다양한 방법으로 활동하며 불필요한 영양분은 몸 밖으로 배출하고, 우리 몸속에는 핵심 영양분만 남겨야 건강한 신체를 유지할 수 있다. 이처럼 책도 읽기만 하면서 채우려고만 하면 뭔가 알고 있다는 기분이 들지만, 여러 가지 지식이 서로 충돌을 일으키면서 아는 것도 아니고 모르는 것도 아닌 상태가 되어 정신적으로 건강하지 못한 내가 될 수 있다. 다양한 방법으로 활동하며 핵심 영양분을 남기듯, 사유하고 기록하며 실천하는 다양한 방법으로 정보라는 영양분을 정리하여 내 안에는 핵심 지식과 정보만이 남아있어야 정신적으로 건강한 나를 만들 수 있다. 건강한 정신과 육체가 있어야 삶의 변화도 만들어 낼 수 있다.

　나는 가끔 내 책장을 둘러보곤 한다. 책장에 꽂혀있는 책들을 보면 알 수 없는 뿌듯함이 찾아온다. 때로는 책들을 지긋이 바라보며 '불과 몇 년 전만 해도 이런 삶이 없었는데 내가 이만큼이나 책을 읽었구나' 하는 생각이 떠오르며 살짝 미소가 지어지기도 한다. 한때 나는 오로지 책 읽기에만 집중한 적이 있다. 당시 독서가 익숙하지 않았던 나는 책과 친해지기 위해 선택했던 것이 하루 한 권 책 읽기였다. 대략 200~250페이지 정도의 책 한 권을 하루에 읽기 위해서는 오로지 읽기에만 집중할 수밖에 없었다. 그렇게 하나둘씩 쌓여가는 책들을 보며 만족감을 느끼던 어느 날 다 읽었다고 표기된 책의 제목을 보는데 내용이 전혀 기억나지 않았다. '무슨 내용이었지? 내가 이걸 언제 읽었더라'라는 생각과 함께 '이렇게 읽는 게 나에게 무슨 도움이 되는 걸까?'라며 회의감이 들기 시작했다.
　완독한 책의 양이 늘어나는 만족감은 있지만, 머릿속에 남지 않는 읽기만 하는 독서를 해서는 안 되겠다는 생각이 들었다. 이제는 다른 독서 방법이 필요할 때라는 것이 느껴졌다. 다른 독서 방법을 고민하며 책 읽기를 하던 중 찾은 방법이 메모 독서였다. 책을 읽다 공감이 되거나 중요하다고 생각되는 구절이 나오면 밑줄을 긋고 생각을 적는 것부터 시작했다. 메모 독서를 하니 오로지 눈으로 읽기만 했을 때보다 훨씬 책의 내용에 집중하게 되고, 기억에 오래 남았다. 책을 다시 읽을 때 내가 메모한 것만 읽어도 책의 전체 내용이 되살아났다. 오로지 눈으로 읽기만 할 때보다 책 읽는 속도는 느려졌지만, 제대로 책을 읽고 있다는 기분이 들었다. 책을 읽다 보면 가끔 책의 여백에 메모하며 읽으라는 말이 있었는데 그제야 그 말이 어떤 걸 의미하는지 깨달았다. 그런데 메모하며 책을 읽다 보니 읽는 속도가 느려지면서 책 읽는 양이 줄어들어 완독한 책의 양이 늘어날 때 느꼈던 만족감도 줄어들었다. 메모 독서로 책 읽기를 하고, 완독한 책이 늘어나는 만족감 채우는 두 마리 토끼를 잡을 방법을 찾던 중 덩어리 시간이 필요하다는 결론이 나왔다. 덩어리 시간을 확보하기 위해 선택한 것이 새벽이었다. 그렇게 새벽 시간을 활용하여 책 읽는 양을 늘리고 책에 메모했던 내용 중 일부는 실천을 통해 내 삶에 적용했다. 그러면서 더욱 책과 가까워졌고 주변 사람들에게 책의 좋은 점을 전파하는 내 모습을 발견하게 되었다.

그동안 일상에 파묻혀 '내 이름 세글자가 박힌 책을 출간하자'라는 나의 버킷리스트 중 하나를 잊고 살았는데, 독서 모임에서 우연히 공저 책 쓰기를 위한 인원을 모집한다는 글을 보고 잊고 있던 나의 버킷리스트가 떠올랐다. 막연하게만 바랬던 소망 중 하나였고, 책을 어떻게 써야 할지도 모르던 나에게 책을 출간하는 것은 그저 머나먼 미래의 일이라 생각했었다. 모집 글을 보며 한동안 망설였지만, 이때가 아니면 못할 수도 있다는 생각에 용기 내어 도전했다.

처음 시작했을 때 드디어 내 이름이 들어간 책을 쓴다는 생각에 설렘이 가득했었다. 그런데 막상 책을 쓰려고 컴퓨터를 켜고 하얀 바탕을 바라보는데, 어디서부터 써야 할지 전혀 감이 오지 않았다. 무엇을 써야 할지 잘 모르겠고 어떻게 써야 하는지는 더욱 알 수 없었다. 그동안 읽어왔던 모든 책의 내용이 하얀 백지처럼 사라져버렸다. 책을 쓰는 안내를 받았지만 그래도 막상 글을 쓰려고 하니 도통 생각이 나지 않았다. 단 한 줄의 글도 쓰지 못하고 며칠이 지나갔다. 그런데 이상한 일이 나에게 벌어지기 시작했다. 글을 써야 한다는 생각을 머릿속에 담고 생활하다 보니 독서할 때 책의 내용이 달리 보였다.

글을 쓰기 전에는 책을 읽을 때 책 내용이 단순히 저자가 권유하는 정도의 메시지였다면 글을 쓰려고 마음먹고 난 후에는 '나라면 어떤 메시지를 전달할 수 있을까?' 하는 식으로 생각하게 했다. 그리고 책에서 얻은 깨달음이나 메시지 등을 실천하면서 실천을 통해 얻은 경험을 글로 표현하려는 행동이 생겨났다. 무엇보다 글쓰기를 어려워했던 나에게 틈이 나면 글을 쓰려고 하는 습관이 만들어졌다. 또한, 주변의 사물이나 사람들을 관찰하며 기록하는 행동이 자연스럽게 이어졌다.

나는 책을 쓰는 것이 계기가 되어 책을 읽기만 했을 때와는 또 다른 삶의 변화를 만들어 가고 있지만, 꼭 책을 써야 하는 건 아니다. 블로깅이나 서평을 써도 되고, 생각이나 느낌이 담긴 독후감 같은 글을 써도 된다. 다만, 나 혼자만 읽기 위한 글이 아닌 다른 사람과 생각을 공유하는 글을 쓰는 것이 중요하다. 한 권의 책을 읽고 자신의 가졌던 생각, 깨달음, 경험 등을 공유하기 위한 글을 쓰려고 마음을 먹고 책을 읽으면 그동안 보이지 않았던 또 다른 세계가 열린다. 그동안 사유가 없었던 알맹이가 없는 독서의 세계에서 사유를 동반하는 제대로 된 독서의 세계로 발걸음을 옮기는 것이다. 이 세계는 말과 글로 표현할 수 없고 직접 겪어 보아야 그 진정함을 느낄 수 있다. 사유하는 것이 몸에 정착되면 이전과는 다른 삶의 태도가 만들어진다. 삶의 변화를 위한 독서 중 책을 읽으며 생각을 떠올리고, 생각을 글로 표현하는 아웃풋 독서는 꼭 필요한 요소라 생각한다.

책을 읽기만 했을 때와 쓰면서 읽는 것은 천지 차이다. 생각을 글로 표현한다는 것은 쉬운 일은 아니다. 그러나 꾸준히 노력하면 익숙해지는 일이기도 하다. 글을 쓴다는 것은 생각을 정리하는 것과 같은 맥락이다. 책에서 감명받은 글이나 하나의 문장을 읽고 생각이 떠오른다면 그 생각을 따라 글을 쓰면 머릿속에 오랫동안 남아있다. 그리고 나중에 다시 그 글을 보면 당시의 내 감정이나 상황들이 떠오르기도 한다. 좋은 글은 다른 사람에게도 전달되며 선한 영향력을 만들어준다. 인풋만 하는 독서는 쉽게 지쳐버린다. 인풋만 했기에 용량 초과로 아무리 책을 읽어도 기억이 나지 않고, 심하면 '내가 지금 무엇을 하는 것인가?' 하는 자괴감에 빠지기도 한다. 아웃풋 독서는 자기 생각을 정리하는 발판이 되며 다른 사람에게 전달하고 싶은 이야기를 찾아 책을 읽기에 분명한 목적과 목표를 만들어낸다. 부디 인풋만 하는 독서로 과부하를 일으켜 지치지 말고, 아웃풋 독서로 선한 영향력을 만드는 사람이 되길 바란다.

제2장
독서는 뭐니 뭐니해도 새벽 독서

새벽에 깊이 읽는다

앞서 이야기했듯이 나는 주로 새벽에 독서한다. 낮에는 바쁜 업무로 인해 업무 이외의 무언가에 집중할 수 있는 시간이 별로 없다. 저녁 시간은 업무의 연속선상이거나 가족들과 함께 시간을 보내기 위해 낮과 마찬가지로 독서에 많은 시간은 투자하기 어렵다. 시간이 날 때마다 틈틈이 책을 읽고 있지만, 항상 무언가 부족함과 아쉬움이 많았다. 틈틈이 읽는 독서는 주로 틈새 시간을 활용해야 해서 시간이 일정하지 않고 주변 상황도 살피며 읽어야 하기에 책에 몰입하기가 어렵다. 그래서 책을 읽기는 했지만, 기억 속에 남는 게 별로 없는 경우가 많다. 가볍게 읽는 책은 괜찮은데 내 삶의 변화를 생각하며 읽고자 선택한 책은 틈새 시간에 읽다 보면 읽기에서만 그치는 경우가 많았다. 하지만, 새벽에 읽는 독서는 오롯이 책에 집중할 수 있어 깊이 있는 독서로 부족함과 아쉬움을 해소하고 나의 삶에도 많은 변화를 만들어주었다.

얼마 전 직장에서 한 직원이 내가 미라클 모닝을 실천 중이라는 이야기를 들었다고 하면서 나를 찾아와 이렇게 물었다.

"어떻게 그 이른 시간에 일어나세요?"

"일찍 자요." 나는 대답했다.

그는 이내 싱겁다는 표정을 지으면서 자신의 하루가 너무 허무하게 지나가는 것 같다고 말했다. 자신도 일찍 일어나는 하루를 보내고 싶다며 진짜 비법을 알려달라고 했다.

"이거 회사 사람들에게는 비밀인데 지금 제가 실천하고 있는 새벽 독서에 관한 책을 쓰고 있는데 거기에 새벽 기상에 관한 제 노하우를 담고 있어요. 나중에 책 나오면 읽어봐요."

그는 책이 나올 때까지는 시간이 오래 걸리는 것 아니냐며 자신은 내일부터 하고 싶다고 말하는 모습이 너무나도 간절한 눈빛에 지금 이 책에 있는 새벽 기상 방법 중 몇 가지만 이야기했다. 이내 그는 밝은 표정을 지으며 그런 간단한 방법으로도 가능한 거냐며 자신도 내일부터 해봐야겠다고 한다.

나는 보통 새벽 4시에서 4시 반 정도에 일어난다. 예전엔 꿈도 꾸지 못했던 일이다. 이런 나를 변화시킨 것이 독서였다. 독서 초반에는 틈틈이 시간 나는 대로 읽었다. 그러나 독서를 하면서도 늘 무언가를 허전한 기분이 들었다. 분명 책은 많이 읽고 있는데 머릿속에 남는 게 별로 없었다. 가만히 내가 책을 어떤 시간에 읽고 있는지를 생각했다. 출근 시간, 퇴근 시간, 점심시간 그리고 짬이 나는 시간을 활용해서 틈틈이 시간을 만들어 읽었지만, 틈새 시간이 불규칙하고 주변도 고려하며 읽어야 하는 상황이었다. 대중교통을 이용하여 출퇴근하였기에 출퇴근 시간에는 버스가 오는지 지하철을 갈아타야 하는지를 확인해가면서 읽어야 했다. 점심시간이나 짬이 나는 시간을 활용할 때는 시간이 많지 않아 업무를 시작해야 하는 시간을 확인하기 위해 자주 시계를 들여다보며 독서했다. 책을 읽는 상황을 떠올려보니 주변을 신경 쓰며 읽어야 해서 책에 집중하는 시간이 적었다.

책에서 무언가를 보고 깨닫기 위해서는 몰입과 사유가 필요하다. 그런데 나의 경우에는 사유하는 시간은 말할 것도 없고 몰입하는 시간조차 적다 보니 눈으로 읽는 것에서만 그치고 있었다. 가끔은 분명 읽었던 책인데도 기억이 하나도 나지 않았다. 몰입과 사유의 시간이 필요하다고 느낀 나는 다양한 방법을 시도한 끝에 새벽이라는 시간을 발견했다. 새벽에 일어나 독서하니 주변의 상황을 살필 이유가 없었다. 그리고 고요함이 더해져 독서에 몰입할 수 있었다. 차츰 독서에 몰입하는 시간이 늘어나면서 책에서 얻은 내용으로 사유하는 시간을 가졌고, 사유의 시간을 통해 깨달음을 얻으며 더욱 깊이 있는 독서가 가능한 선순

환 구조가 만들어졌다. 새벽을 활용하지 못하는 사람도 있겠지만 새벽은 그 어떤 것의 방해도 받지 않는 시간이기에 내가 하고자 하는 것에 오롯이 집중할 수 있다. 깊이 있는 독서가 필요하다면 새벽을 꼭 활용해보길 바란다.

새벽은 몰입할 수 있는 최적의 조건을 갖추고 있다. 우선 신체적으로 잠을 통해 충분한 휴식을 취하고 난 뒤라 머릿속이 맑아져 책을 읽기에는 최적의 상태가 유지된다. 또한, 주변의 방해 없이 오롯이 책 읽기에만 집중할 수 있어 쉽게 몰입 독서를 할 수 있다. 그래서 나는 하루 중 가장 책을 많이 읽는 시간이 새벽이다. 누구에게도 방해받지 않고 오직 독서에만 몰입하며 작가의 세계관과 새로운 지식이 나에게 들어온다고 생각할 때면 내 머릿속은 흥분으로 꽉 차오른다. 지금까지 독서하면서 뭔가 부족하다는 느낌이 들었다면 새벽에 일어나 깊이 있는 독서를 해보길 바란다. 그러면 내가 무슨 이야기를 하는 건지 이해하게 될 것이다.

잠시 읽어도 장기기억으로 저장된다

책을 열심히 읽었는데 기억에 남는 것이 별로 없는 책이 있다. 틈틈이 읽으면서 생각을 기록하고, 귀접기 등 책에 많은 표식을 남기며 읽었지만 거의 기억에 남지 않았다. 그 책이 나와 맞지 않는다는 생각에 그냥 무시하며 지내왔는데 새벽 독서를 하면서부터 불평불만으로 가득했던 나의 삶에 조금씩 목표가 생기며 불평불만을 생각하는 횟수가 현저히 줄어들었다. 또한, 매일매일 힘들었던 나의 하루를 '할 수 있다', '일단 해보자'하는 긍정적인 생각을 가지는 활기찬 마음으로 시작하는 하루로 바꾸어주었다.

낮이나 저녁 시간에 책을 읽으면서 책의 내용을 실천하고자 마음을 먹지만 당장 하기 어려운 상황들이 많았다. 당장 실천하지 못해 '꼭 기억해 놨다가 나중에 하자'라고 생각하며 뒤로 미루는 순간 그 나중은 찾아오지 않았다. 기억에서 사라져버린 것이다. 그러나 새벽에 읽었던 내용은 그날 온종일 머릿속에 맴돌며 실천하라고 나를 자극했다. 하루를 보내며 책에서 읽은 내용과 유사한 상황이 발생하면 하나둘씩 실천으로 이어지면서 몸이 기억하기 시작했다.

수많은 감각기억은 감정 기억이라는 단기기억을 만들고 잠을 자는 사이에 기억저장소로 보내진다. 기억저장소에 보내는 과정에서 가장 중요한 순간을 핵심 기억에 저장하고 핵심 기억이 성격의 섬을 만들어준다. 여기에서 만들어지는 핵심 기억이 장기기억에 해당한다.

기억의 처리 과정을 살펴보면 감각기억을 통해 우리 몸에 입력이 되고 단기기억을 거쳐 장기기억으로 저장된다. 우리의 머리는 장기기억으로 저장되는 과정에서 불필요한 기억들은 제거하고 꼭 필요한 것만 장기기억으로 저장된다. 모든 기억이 머릿속에 남아있으면 생활에 불편함을 초래할 수 있기 때문이다. 그러나 간혹 기억의 처리 절차를 거치지 않고 바로 장기기억으로 남는 경우가 있다. 처리 과정에서 매우 강한 감정이나 충격이 개입되는 경우가 그러하다. 우리는 과거의 기억 중에서 선명하게 남아있는 것들이 대표적이다. 그 기억을 다시 떠올려 보면 당시 굉장히 인상 깊이 감동했거나, 한 번도 경험해보지 못했던 것을 경험할 때 느끼는 신선한 충격을 받았던 경우가 많다.

사람들이 활동하는 낮이나 저녁에 독서하면 책의 내용이 깊이 들어

오지 못한다. 보통 그 시간에는 주변의 상황에 영향을 받아 집중하기 어려운 상태에서 책을 읽게 된다. 이 상태에서는 장기기억에 남을 만한 감동을 하거나, 새로운 경험을 얻기가 어려워 독서해도 기억에 오래 남지 않게 된다. 하지만 새벽은 주변으로부터 방해받는 상황이 많지 않아 오롯이 책에 몰입하여 읽을 수 있는 환경을 만들어준다. 몰입상태에서 읽는 책은 한 구절 한 구절에 집중되어 머릿속에 각인 되는 경우가 많다. 특히 머리가 맑고 주변이 고요한 상태에서 집중해 읽는 경우는 뇌를 더욱 자극해서 오랜 시간 기억 속에 남게 된다.

직장에서 프로젝트를 할 때면 나는 주로 프로젝트 리딩 역할을 한다. 적게는 4~5명이고, 많을 때는 10명이 넘는 팀원들과 소통하며 프로젝트를 진행한다. 각자에게 역할을 분담하고 일을 진행하는데 진행 과정에서 발생하는 이슈나 위험을 예방하고 기술적 분석과 판단을 하는 것이 나의 주 업무이다. 이슈나 위험을 예방하기 위해서는 팀원들과 자주 소통해야 한다. 다수의 팀원과 자주 이야기를 나누다 보면 이전에 했던 이야기들이 기억나지 않는 상황이 종종 발생한다. 특히 서로 다른 업무의 이야기를 정리할 시간도 없이 연속적으로 하고 나면 어떤 내용인지 혼란이 오는 경우가 있다. 한번은 중대한 기능에 관해 결정한 것을 깜빡하고 후속 작업 진행이 안 돼 이슈가 발생한 적이 있다. 당시 핵심 기능을 담당하는 팀원들과 개발 방향을 결정하고 후속 작업등을 정의하며 미팅을 마쳤는데 시간이 없어 바로 다른 기능 분야의 팀원과 이야기하느라 이전 미팅에서 정의했던 내용을 까맣게 잊어버린 것이다. 다행히 당시 함께 이야기를 나누었던 팀원 중 한 명이 자신이 할 수 있는 범위에서 사전 대응을 준비해 놓은 것이 있어 큰 이슈로 번지는 것을 막을 수 있었다. 그때를 생각하면 지금도 아찔하다. 다 지나간 상황이라 지금은 웃으면서 이야기할 수 있는 하나의 추억이 되었지만, 당시의 나는 어떻게 수습해야 할지 막막했고, 모든 것을 책임지고 자리에서 물러나야겠다는 생각까지 들었다. 그 후로는 결정해야 하는 미팅이라면 시간이 없더라도 결정한 사항에 대해서 간단히 메모하거나 정리를 한 뒤에 다음 미팅에 들어간다. 그리고 미팅이 끝나면 메모한 내용을 다시한번 살펴보고 당시의 상황을 떠올리며 다시 한번 머릿속에 정리하는 시간을 갖는다.

이처럼 정신없이 일하거나 수많은 정보가 한꺼번에 입력되면 단기기억이 생성되기 전에 다른 기억들이 입력되어 이전의 기억들이 사라지거나 기억이 뒤섞이며 우리의 뇌에 저장된다. 이런 상태를 지속하면 나와 같은 큰 실수를 할 수 있다. 이를 방지하기 위해서는 입력된 정보를 정리하는 사유의 시간이 필요하다. 새벽은 우리의 뇌를 충분히 사유할 수 있는 상태로 만들어주는 시간이다. 새벽에 하는 독서는 주변의 방해가 없어 집중해서 읽을 수 있다. 또한, 한꺼번에 여러 가지를 일하지 않아도 되는 시간이라 길게 읽지 않아도 내용을 다시 되짚어보며 생각을 정리하는 더 깊은 사유의 시간을 충분히 만들 수 있다. 이런 사유하는 시간을 통해 입력된 정보와 생각이 정리되면 그 내용은 장기기억에 저장된다.

우리가 매년 새해가 되면 새로운 마음으로 계획을 세우고 실천한다. 꾸준히 실천하는 것도 있고 작심삼일로 그치는 일도 있지만, 새해에 다짐했던 계획들은 우리의 머릿속에 오랜 시간 남아 우리에게 실천하라는 메시지를 보낸다. 1년을 하루라는 시간으로 바라보면 새해의 시작은 새벽의 시간에 해당한다. 새벽에 독서하며 생각하는 시간을 가진 내용은 그날 하루 동안 나에게 계속 행동하라는 메시지를 보낸다. 이 메시지를 통해 조금이라도 실천하게 되면 장기기억에 남아 매일 실천하려는 의지를 만들어준다. 그 의지들이 모여 삶의 변화를 이끌어준다. 만약 당신이 진정으로 삶의 변화를 원하고, 깊이 있는 독서를 하고 싶다면 새벽 독서는 선택이 아닌 필수로 해야 한다고 말해주고 싶다.

다양한 독서법으로 자유자재로 읽는다

책을 많이 읽지 않았던 시절에 책은 무조건 정독해야 한다고 생각했다. 그러다 보니 책을 읽는 속도가 엄청 느리고 지루했다. 한 권을 읽는데도 적게는 몇 주에서, 많게는 몇 달이나 걸렸다. 정독했다고 책의 내용을 전부 공부했다는 오해가 없길 바란다. 다만, 정독해야 한다는 생각에 한 글자 한 문장을 하나하나 꼼꼼히 읽었다는 말이다. 한참을 읽다 보면 앞의 내용이 기억나지 않아 앞으로 가서 다시 읽는 경우도 많았다. 책을 이렇게 읽으니 독서가 즐겁지도 않고, 책은 나에게 시련과 고통을 주는 도구라는 생각만 자꾸 들어 '독서는 나와 맞지 않는 거구나' 하며 책을 멀리했었다. 남들이 독서하면 좋다고 하기에 아무 생각도 없이 무작정 시작하여 나만의 방식으로 고집스럽게 읽었던 방식이 오히려 책을 멀리하게 만든 원인이 되었다.

　우리가 일반적으로 알고 있는 독서를 하는 방법에는 여러 가지가 있다. 책 속 글의 의미를 놓치지 않고 머릿속에 새겨가면서 자세히 읽는 정독, 가벼운 글이나 정확하게 이해하지 않고 대략 파악하며 빠르게 읽는 속독, 책을 처음부터 끝까지 전체 흐름을 파악하기 위해 훑어보며 읽는 통독, 책이나 글에서 필요한 부분만 뽑아서 읽는 발췌독, 한 권의 책을 여러 번 읽거나 비슷한 주제의 책을 여러 권 읽는 다독, 그리고 남독, 편독, 묵독, 음독 등 다양한 종류의 독서법이 있다. 여기에다 독서와 관련한 책을 쓴 저자 특유의 독서법, 마지막으로 자신만의 독서법을 고려한다면 수많은 독서법이 있다. 그러나 독서를 처음 시작하는 초보자들은 한가지 독서법으로만 읽으려고 한다. 그 한 가지 독서법이 정독이다. 대부분 사람이 학창 시절부터 본격적으로 책을 접한다. 바로 교과서이다. 요즘은 학교에 들어가기 전에 책을 많이 접하지만 내가 어릴 적에는 지금처럼 책을 쉽게 접하지 못했다. 당시에 나는 책은 교양 있고 돈과 시간이 많은 사람이나 읽는 것으로 생각했다. 학교에 들어가면서 교과서라는 책을 접하기 시작하는데 교과서는 학습을 위한 책이기에 내용을 자세히 살펴보며 하나하나 이해하면서 꼼꼼히 읽어야 한다. 오랜 학창 시절 동안 책을 정독하며 읽다 보니 성인이 되어서도 책은 꼼꼼히 읽어야 한다는 생각이 무의식 속에 자리 잡고 있다. 그래서 처음에 책을 읽기로 마음먹고 실천해도 독서가 어렵다고 생각되며 쉽게 다가가지 못하고 이내 포기하고 마는 경우가 많다. 나도 처음 시작할 때 이와 같은 방법으로 접근하여 많은 고생을 했던 기억이 있다. 당시에 한동안 책을 멀리하여 다시는 책을 접하지 못할 거로 생각했다. 그러나 우연인지 필연인지 삶의 변화를 갈망하던 중 다시 책을 집어 들며 목표와 기한을 두고 시작한 독서가 나를 다양한 방법으로 책을 읽게 했다.

독서를 하는 데 있어 한 가지 방법만 고집해서 읽을 필요는 없다. 모든 책을 정독으로만 읽어야 할 이유가 더더욱 없다. 하루에도 수백 권씩 출간되는 상황에 정독으로만 읽으려면 더 좋은 책을 만날 기회가 그만큼 적어진다. 책은 목적에 따라서 각 독서법에 맞는 방법으로 읽으면 된다. 오히려 목적에 맞는 독서법으로 책을 읽으면 한가지 독서법으로 읽는 것보다 몇 배의 독서 효과를 얻을 수 있다. 과거 학창 시절 교과서를 통해 접했던 '책은 무조건 정독'이라는 생각을 버리고 수없이 쏟아져 나오는 책들을 다양한 독서법으로 상황에 맞게 자유자재로 읽어야 독서의 진정한 가치를 발견할 수 있다.

요즘에 나는 책을 읽을 때 다양한 방법으로 읽는다. 의도적이라기보다는 자연스럽게 다양한 방법으로 읽고 있다. 책에 따라 달라질 수 있지만 제일 먼저 책의 앞표지와 뒤에 나오는 제목과 소제목 그리고 여러 가지 요약 글들을 읽는다. 이 부분은 하나하나 곱씹으며 내가 이 책을 읽을 준비가 되었는지 자신에게 질문을 던지며 읽는다. 읽은 준비가 되었다고 판단이 되면 프롤로그와 에필로그를 자세히 읽는다. 프롤로그와 에필로그는 작가가 주로 이 책을 왜 썼는지와 이 책을 통해 어떤 메시지를 전달하고 싶은지를 이야기하는 경우가 많다. 프롤로그와 에필로그만으로 책 전체를 알 수는 없지만, 어렴풋이 어떤 내용이 나올 것인지를 예측할 수는 있다. 프롤로그와 에필로그를 다 읽고 난 뒤에는 목차를 하나하나씩 살펴본다. 크게 나뉘는 장과 그 안에 소제목들을 하나하나 보면서 책의 내용 흐름을 파악한다. 그리고 제목을 보면서 끌리는 제목이 있으면 나중에 자세히 읽어봐야겠다고 생각하며 해당 페이지를 귀접기 한다.

이렇게 전체적인 흐름까지 살펴본 뒤에 최종적으로 이 책을 읽을 것인지 말 것인지를 결정한다. 간혹 프롤로그, 에필로그, 목차까지 읽었음에도 내가 읽고 싶다는 생각이 들지 않는 책들이 있다. 이유는 정확히 모르겠지만 그런 책은 일단 귀접기까지만 하고 덮어버린다. 초반엔 책을 산 게 아까워서 억지로라도 읽었는데 읽은 뒤에도 기억이 안 나고 읽는 동안 힘들고 지루하다는 기억밖에 나지 않았다. 그렇게 몇 번을 실패하고 난 뒤로는 다른 읽고 싶은 책들이 많은데 관심이 생기지 않는 책을 억지로 읽으면서 시간 낭비할 필요는 없다고 생각하며 과감하게 책을 덮는다. 읽기로 한 책은 먼저 귀접기 한 페이지부터 찾아서 읽는

다. 귀접기 하는 페이지는 조언을 구하거나 관심이 있다고 생각한 제목이었기에 천천히 읽으면서 정독하듯 내용을 살펴본다. 모두 성공하지는 않지만, 제목과 일치하고 내가 예상하는 내용으로 구성되어 있으면 기분이 좋아진다.

이렇게 책을 한번 전체적으로 읽고 난 뒤에는 다시 처음으로 돌아가 처음부터 다시 읽는다. 이때 제목을 다시 한번 살펴본다. 내가 처음 읽었을 때의 느낌과 다시 읽었을 때의 느낌을 비교하며 귀접기 한 제목을 다시 보면서 책의 내용을 가만히 떠올려본다. 두 번째 읽을 때는 통독하듯이 읽는다. 이때는 편안한 마음으로 내가 예상하지 못한 내용이 있는지를 살펴보듯 읽는다. 소제목이 끌리지 않는 곳은 과감히 넘기기도 한다. 이렇게 통독하며 한번을 다시 읽고 나면 마지막으로 전체를 훑어보듯이 속독하며 읽는다. 마지막 속독을 할 때는 나중에 다시 필요하다고 생각되는 부분은 포스트잇 같은 것으로 표식을 하며 밑줄이나 정독하면서 써놨던 글들을 읽는다.

한 권의 책을 최소 2~3번 다독하면서 책의 내용을 곱씹으며 나의 생활에 적용할 것들을 생각한다. 나에게 있어 한 번만 읽었던 책과 2~3번 읽은 책은 깊이에서 차이가 난다. 한 번 읽은 책은 나의 생활에 적용되는 것이 별로 없다. 내용 또한 기억나는 것이 없고, 심지어 제목도 읽은 기억도 나지 않는 책도 있는데 최소 2~3번을 읽은 책은 제목만 봐도 어떤 내용으로 구성되어 있다는 것을 기억하고 있으며 생활에 적용하여 지금까지 습관으로 이어지는 것들도 있다.

책을 읽을 때 상황에 따라 맞는 독서법으로 읽고자 한 것은 아니지만 나의 독서 스타일을 정리해 보면서 내가 행동했던 것과 유사하다고 생각되는 독서법을 대입해 봤다. 꼭 나와 같은 상황에 같은 독서법을 실천해야 할 이유는 없다. 내가 하는 독서 방법이 정답은 아니지만, 독서 초보자들에게 하나의 좋은 가이드가 되었으면 하는 바람으로 나의 스타일을 정리한 것이다. 이 글을 읽고 '이걸 어떻게 해'나 '귀찮게 이렇게 할 필요가 있나'라고 생각하지 말고 꼭 한 번쯤은 실천해보기를 권장한다. 독서를 바라보는 생각이 분명 이전과는 달라질 것이다.

최고의 자기 계발 방법은 독서라고 한다. 많은 직장인이 낮에는 업무에 시달리고, 저녁이면 지쳐서 무언가를 시도하기에는 힘들어 자기 계발을 위해 새벽이라는 시간을 선택한다. 새벽 기상 또한 쉽지 않은 일이기에 힘겹게 일어나 자기 계발을 위한 독서를 하는데 한가지 독서법을 고집하며 시간을 낭비하는 어리석은 행동을 하지 않았으면 한다.

학창 시절을 제외하면 누구나 독서를 의무감으로 하지 않는다. 스스로가 원하고 결정하여 독서를 시작한다. 삶의 변화를 위해서 하는 독서는 치열하게 해야 하지만 독서를 한 가지 방법으로만 하면 쉽게 지쳐 독서를 더욱 어렵게 만든다. 치열하지만 다양한 방식으로 즐겁게 독서한다면 이보다 더 강력한 무기는 없을 것이다.

새벽 독서가 스마트한 뇌를 만든다

독서가 머리에 좋다는 건 누구나 아는 사실이다. 독서는 우리의 뇌에 많은 긍정적인 영향을 미치기 때문이다. 하지만 집중하지 못한 상태에서 하는 독서는 뇌에 거의 영향을 주지 못하고, 오히려 뇌에 혼란만 주는 상태를 초래하게 된다. 하루 중 가장 집중력을 높일 수 있는 시간대는 새벽이다. 새벽은 충분한 수면을 통해 온종일 쏟아져 들어왔던 정보가 정리되고 새로운 정보를 받아들일 수 있는 맑은 상태의 뇌를 만들어 주는 시간대이다.

새벽이 뇌에 주는 효과는 생각보다 굉장하다. 물리적인 효과보다는 정신적인 효과를 말하는 것이다. 특히 직장을 다니는 직장인들에게는 더더욱 그 빛을 발한다. 온종일 직장에서 쏟아지는 업무로 하루가 어떻게 지나갔는지 알 수 없다고 토로하는 직장인들이 많다. 분명 일은 했는데 무엇을 했는지 기억조차 나지 않는다는 이야기를 자주 한다. 이는 두서없이 들어오는 정보들로 인해 우리의 뇌가 제 기능을 발휘하지 못해 벌어지는 현상이다. 새벽 습관을 통해 정신없이 처리했던 업무들을 가만히 머릿속에서 정리하다 보면 업무를 바라보는 시선이 바뀌며 더 나은 방법을 찾으려는 생각과 고민으로 뇌를 자극하여 뇌를 더욱 생기 있게 만든다. 또한, 하루를 계획하며 생활하는 창조적인 일상이 만들어질 것이다.

최근에 진행했던 프로젝트에서 너무 많은 일이 한꺼번에 밀려 들어와 며칠 동안 정신을 차리지 못할 정도로 업무를 처리한 적이 있다. 혼자 하는 일이 아니다 보니 관련 팀들과 협의하며 진행해야 했다. 내가 맡은 팀의 업무에 대한 일정을 세우고 진행하는데, 관련 업무팀들이 자신들의 일을 먼저 해야 한다며 마구잡이로 업무 전달이 되었다. 일간, 주간 단위로 내가 세웠던 모든 업무의 우선순위와 일정이 무너지며 한동안 정신을 차릴 수가 없었다. 매일 야근에 철야를 해도 밀려 들어오는 일을 다 처리해 낼 수가 없었다. 내가 정신을 차리지 못하니 팀원들에게도 두서없이 업무가 전달되어 팀원들도 혼란에 빠지기 시작했다. 결국, 팀원들의 불만이 여기저기 터지기 시작했고 일 처리도 엉망이 되어갔다. 심지어 때로는 매일 하던 업무였는데 깜빡하거나 하루에도 몇 번이나 접속하는 프로그램의 비밀번호를 잊어버려 한참 동안 멍하게 있던 경우도 있었다. 한참 동안을 정신 차리지 못하고 점점 안 좋아지는 상황으로 나아가는 과정에서 나를 정신 차리게 해준 것이 새벽 독서였다. 새벽 독서를 통해 얻은 지식을 활용하여 나의 하루 업무를 다시 되짚어봤다. 하나하나 업무를 다시 떠올리며 책에서 얻은 지식을 대입하여 생각하는 시간을 가졌다. 그리고 책에서 읽은 내용을 기반으로 업무의 중요도와 긴급도를 기준으로 우선순위를 정했다. 출근하자마자 하나씩 우선순위에 따라 업무를 진행하였고 오롯이 진행하는 업무에만 집중했다. 팀원들에게도 그 일에만 집중하고 나머진 나에게 넘기면 내가 정리해서 다시 분배하겠다고 했다. 그렇게 며칠이 지나자 효과가 나타나기 시작했다. 시간이 많지 않아 업무의 양을 줄일 수도 없는 상황인데 팀원들은 자신이 어느 곳에 집중해야 하는지가 보인다며 불만이 상당수 사라졌고 업무가 하나씩 정리되기 시작했다. 나 또한 업무가 정리되는 것을 바라보며 이제야 일이 제대로 진행되고 있다는 기분을 느낄 수 있었다.

만약 나에게 새벽 독서가 없었다면 아마도 당시의 프로젝트에서 퇴출당하거나 나 스스로 포기했을지도 모른다. 낮이나 밤에 읽는 독서와는 다르게 새벽 독서는 무엇보다 상황을 냉철하게 바라보는 시선과 바로 실천으로 이어지는 행동을 이끌어준다. 만약 똑같은 내용을 저녁이나 밤에 읽었다면 잠자는 동안 생각이 바뀌었거나 잊어버렸을 것이다.

새벽 독서는 우리에게 어려움을 극복할 수 있는 지식과 실천으로 이끌어주는 행동력을 만들어주는 강력하고 스마트한 뇌를 만들어준다.

나의 아들은 책 읽는 것을 좋아한다. 내가 본격적으로 책을 읽기 시작하면서 집에 책이 하나둘씩 늘어나고, 아들을 데리고 서점이나 도서관에 다니면서 책을 읽으니 자기도 책을 읽고 싶다며 나를 따라 책을 읽기 시작했다. 처음 책을 읽을 때 나와 같은 책을 골라 읽으려고 했다. 그래서 내가 아들에게 "넌 아직 어려서 이 책을 읽기엔 힘들 수 있으니 네 나이에 맞는 책을 읽는 게 좋을 것 같아"라고 말을 했다. 아들은 아빠가 하는 걸 따라 하고 싶었는지 계속 내가 읽는 책과 비슷한 것을 골랐다. 나는 아직 어린 아들에게 억지로 설득하기보다 직접 경험해서 깨달아야 안 할 것으로 생각하고 고른 책을 읽으라고 시간을 주었다. 처음엔 신나서 한두 장 넘기더니 얼마 못 가 책 읽기가 너무 힘들다며 책을 덮었다. 이때 내가 아들을 가만히 두었다면 아마도 지금 책과 멀어져 있었을 것이다. 나는 바로 아들을 데리고 서점에 가서 초등학생들이 읽는 책이 있는 코너에 갔다. 캐릭터가 그려진 여러 가지 학습만화들이 많이 보였다. 아들이 좋아할 만한 책 한 권을 집어 들어 아들에게 펼쳐 보이며 이런 종류의 책을 읽어보라고 권했다. 한참 만화나 캐릭터에 관심이 많았던 아들은 책에서 자신이 좋아하는 캐릭터가 나오니 관심을 보이며 그 자리에서 책을 펼쳐 읽기 시작했다. 아들이 책을 읽기 시작하길래 나는 아들에게 다른 곳으로 가지 말고 이 자리에 있으라고 하고는 내가 관심 가지는 분야의 코너로 가서 책을 둘러봤다. 몇 권의 책을 골라 아들이 있는 자리로 왔더니 한참을 움직이지 않고 그 자리에서 책만 읽고 있었다. 오히려 내가 다른 볼일을 봐야 하니 여기서 그만 읽고 집에 가서 읽자고 했다. 그렇게 시작한 독서가 아들을 달라지게 했다. 시간이 흐를수록 아들이 사용하는 말의 단어 수준이 높아지고 때로는 나도 알지 못하는 지식을 설명하는 것이었다. 특히 아들이 좋아하는 과학이나 수학은 자신의 나이보다 4살이나 많은 누나와 대화를 할 수 있을 정도이다. 오히려 가끔 누나가 동생의 설명을 듣고 이해할 때가 있던 적도 있다.

아이의 단어의 수준이 올라가고 생각하는 힘이 길러졌듯이 성인들도 독서를 지속하다 보면 사용하는 단어의 수준과 생각하는 힘이 높아진다. 이는 기억력, 이해력 등에 영향을 미쳐 우리의 뇌를 스마트하게 만들어준다.

우리의 뇌는 밤사이 잠을 자는 동안 하루 동안 생활하면서 오감을 통해 입력된 정보를 장기기억으로 보내질 것, 사라질 것 그리고 단기기억 등으로 정리한다. 지저분했던 책상을 말끔히 정리하고 난 뒤에 바라보면 뿌듯함이 느껴지면서 책상에서 뭔가 하고 싶은 의욕이 올라온다. 학창 시절에 깨끗한 책상에서 공부하면 왠지 공부가 더 잘 되는 느낌을 경험 해봤을 것이다. 새벽 시간의 뇌는 깨끗한 책상처럼 뭔가 하고 싶은 욕구를 불러일으키고, 새로운 것을 받아들일 충분한 상태가 된다. 이때 독서를 하면 우리의 뇌에 더욱 효과 있는 지식이 입력되고 목적 있는 하루로 만들어준다. 지금 어려운 상황에 놓여 결정하기 힘들고 머릿속이 복잡하다면 새벽 독서를 시작해보라. 그러면 당신의 뇌가 스마트한 결정을 내리고 해야 할 일들을 알려줄 것이다.

새벽 독서가 건강한 라이프스타일을 이끈다

새벽에 일찍 일어나고 싶어 하는 사람들이 많다. 그러나 끈기 있게 실천하는 사람들은 많지 않다. 그들은 늘 미라클 모닝을 꿈꾸지만 제대로 실천하지 못하고 새벽에 일찍 일어나는 사람들을 부러워하기만 한다. 반대로 미라클 모닝을 실천하는 사람들을 살펴보면 그들은 늘 활기차고 자신감이 넘쳐 보인다. 매사에 긍정적인 생각을 가지고 일한다.

새벽 독서를 하면서 불평불만이 많았던 나의 삶에 조금씩 목표가 만들어지며 불평불만이 많이 줄어들었다. 그리고 하루하루가 힘들던 나의 하루를 '할 수 있다', '일단 해보자'하는 긍정적인 생각을 가지는 활기찬 마음으로 시작하는 하루로 변화되었다.

가장 먼저 두드러지게 변화한 것은 불필요한 저녁 약속이 줄어든 것이다. 과거의 나는 술자리를 좋아했다. 편한 사람들을 만나 술 한잔하면서 세상 돌아가는 이야기, 자신이 살아가는 이야기 등을 하며 편안하게 이야기를 하는 것을 좋아했다. 그 시간만큼은 아무 걱정도 없고, 술이 한잔 두잔 들어가면서 기분이 좋아지는 상태가 된다. 그렇게 1차, 2차, 3차로 이어지면서 새벽까지 시간을 보내는 경우도 많았다. 또한, 회사업무로 인한 스트레스를 직장동료들과 술자리를 만들어 풀기도 했다. 하지만 기분이 좋은 것도 스트레스가 풀리는 것도 순간뿐이었다. 오히려 마음 한구석에는 '이렇게 살아가는 게 맞는 건가?', '이게 내가 원하는 삶인가?' 하는 생각으로 불안이나 후회가 남아있었다. 나이는 점점 들어가고 열심히는 살아온 것 같은데 뭔가 해 놓은 건 없다는 생각에 머릿속은 늘 복잡했다. 가끔 술자리가 없거나 일찍 끝나면 집에서 새벽까지 혼자 술을 마시며 나 자신을 한탄하기도 했다.

새벽 독서를 하게 되면서 이런 생활들이 눈에 띄게 줄어들었다. 초반에는 익숙하지 않아 저녁 술자리로 다음 날 새벽에 일어나지 못하기도 했지만, 새벽 독서의 즐거움을 차츰 알게 되면서 새벽 시간을 위해 저녁의 불필요하다고 생각되는 약속은 과감히 버리기로 했다. 점점 저녁 술자리 약속을 거절하거나 다음에 보자는 식으로 미루며 집에 들어와 일찍 잠을 자기 시작했다. 지금은 제법 익숙해져서 11시 반 정도에 잠을 자도 4시에서 4시 반 사이에는 눈이 떠지지만, 당시에는 9시~10시에 잠을 자야 간신히 그 시간에 일어났다.

다른 누군가에게 위로받는 것보다 독서를 통해 위로받는 것이 더 좋은 것을 깨달은 지금 생각해보면 당시에는 누군가에게 푸념하고 위로받기 위해 함께 밤늦게까지 술을 마실 수 있는 사람을 찾아 헤매던 나자신이 부끄러워진다.

둘째, TV를 거의 보지 않는다는 것이다. 독서하기 이전의 삶은 집에 있으면 거의 TV만 보는 삶이었다. 평일 내내 회사에서 시달리고 힘들었으니 주말은 좀 쉬어야지 하면서 하는 행동이 누워서 예능 프로를 보는 것이었다. 아내에게 잔소리를 들어가면서까지도 TV를 보는 것을 즐겼다. 예능 프로를 좋아해 주로 예능 프로를 보지만 드라마도 한번 보기 시작하면 결말이 궁금해서 끝까지 보곤 했다. TV를 보는 시간이 줄어든 건 독서를 시작하면서부터지만 가끔은 잠깐만 본다고 시작한 것이 종일 시청한 적도 있었다. 매번 보지 말자고 다짐하면서도 나도 모르게 리모컨을 찾고 어느 순간 TV를 보고 있는 나를 발견하곤 했다.

그런데 신기하게도 새벽 독서를 하면서부터는 TV를 보는 습관이 사라졌다. 정해진 시간에 정해놓은 프로그램 한두 개 이외에는 보지 않는다. 주말에도 새벽 기상을 위해서 그동안 불필요하게 시청했던 프로그램들을 전부 끊었다. 가족들과 시간을 보내거나 평일에 미뤄뒀던 해야 할 일을 하고 난 뒤에는 다음 날 새벽 독서를 위해 새벽에 해야 할 일을 정리하고 바로 잠을 잘 준비한다. 이제는 TV를 보는 것보다 새벽 독서를 하는 것이 더 즐거운 시간으로 바뀌었다.

셋째는 게으르고 귀찮아하던 습관들이 사라졌다. 과거의 나는 아주 게으르고 새로운 일을 하기 귀찮아했다. 그리고 계획한 것을 달성하지 못하거나 힘든 상황이 닥치면 다른 사람이나 내 주변 환경 탓으로 돌리며 피하려고만 했다. 욕심은 많아 매년 새해가 되면 다른 사람들도 대부분 생각하는 독서, 영어 공부, 운동은 기본이고 업무와 관련된 목표 등을 포함하여 거창하게 계획을 세웠다. 새해 목표를 계획하는 동안에는 뭐라도 다 할 수 있을 것 같아 마구잡이로 계획했었다. 하지만 며칠이 지나면 새해 계획은 이미 머릿속에 사라져버린 채 언제 그랬냐는 듯이 다시 귀찮아하는 예전의 모습으로 돌아가고 말았다. 그렇게 하루하루를 보내다 연말이 되어 많은 사람이 그런 것처럼 나 역시도 한 해를 돌아보다 보면 연초에 계획했던 것을 실천하지 못한 나를 발견하고는 다른 사람이나 주변 환경을 탓하면서 자기 위로를 하는 게 일상이었다.

그러나 새벽 독서를 통해 책 속에 있는 다른 이의 이야기와 조언을 들으며 하루를 계획하고, 그날 계획한 일은 조금이라도 행동하자는 의식이 만들어졌다. 귀찮아하는 마음이 완전히 사라진 건 아니지만 귀찮아하는 생각이 들 때마다 새벽 독서를 하며 만들어진 마음가짐을 떠올리며 일단 움직였다. 그렇게 조금씩 행동하니 귀찮아하던 마음이 줄어들고 계획한 일을 마무리하는 횟수가 늘어갔다. 일이 완성되어가는 과정에서 성취감 또한 느끼며 일을 미루기보다 일단 행동하자는 마음이 앞서면서 게으르고 귀찮아하던 내 모습이 점점 사라져갔다.

마지막으로 긍정적인 마음의 변화가 싹트기 시작했다. 예전에는 일을 시작하기도 전에 부정적인 생각에 사로잡혀 일을 시작해보지도 않고 포기한 적이 많았다. 신중한 성격 탓에 일을 시작하기도 전에 수많은 위험 요소를 먼저 생각했다. 위험 요소가 제거되거나 제거할 방법이 떠오르지 않으면 일을 시작하지 못했다. 때로는 주변에서 소심하다는 말도 들었지만, 부담 갖는 게 싫어 일을 시작하는 데까지 오랜 시간이 걸렸다. 독서하면서부터 이런 부정적인 생각이 조금 줄어들었지만, 바쁜 일정으로 독서를 뒤로 미루다 보면 다시금 부정적인 생각이 올라오곤 했다. 그런데 새벽 독서를 시작하면서 이런 부정적인 생각이 거의 나타나지 않는다. 아마도 새벽 기상을 하면서 일찍 일어났다는 성취감을 느끼고, 새벽 시간을 확보하면서 시간에 쫓기듯 살던 아침 생활이 달라지니 마음의 여유가 생겼기 때문이라 생각한다.

새벽 시간을 좋아하는 독서로 시작하며 하루를 맞이하기 시작했고, 독서를 통해 생각하는 힘이 생겨나면서 위험 요소에 관한 생각이 달라져 갔다. 독서로 시작하는 하루로 만들기 전에는 '이렇게 많은 위험 요소가 있는데 어떻게 시작하지?'라는 부정적인 생각이 먼저 떠올랐다면, 지금은 '일단 시작하면서 하나씩 극복해서 나가면 된다'라는 긍정적인 생각으로 바뀌었다. 또한, 힘든 상황이 닥쳐도 피하려고만 했던 생각들이 '이 또한 지나가리라'하는 생각으로 바뀌었다.

독서를 통해 내 삶의 많은 것이 변화되었다. 특히, 새벽 독서는 변화된 내 삶을 한 단계 더 성장시켰다. 새벽 독서를 하기 이전의 독서는 때때로 회사의 업무나 개인적인 사정으로 인해 우선순위가 뒤로 밀려나 하지 못한 적도 많았다. 독서하지 못한 날은 매일 먹는 밥을 못 먹어 배고픔을 느끼는 기분이 들었다. 그런데 새벽 독서를 하면서는 하루도 빠짐없이 독서하게 되면서 매일 매일 정신적인 좋은 영양소를 공급받는 기분이 든다. 음식물로부터 육체적인 영양소를 공급받는다면 독서를 통해서는 정신적인 영양소를 공급받는다. 정신이 육체를 지배한다는 말처럼 정신적인 영양소를 매일 공급받을 수 있는 새벽 독서가 결국 건강한 라이프 스타일을 만든다고 생각한다. 건강한 라이프 스타일을 만들고 싶다면 새벽 독서부터 시작해보자. 그러면 정신과 육체의 건강을 동시에 얻을 수 있다고 이제는 감히 말할 수 있다.

새벽, 내 인생에 가장 필요한 책을 선택한다

책은 삶의 방향을 가르쳐주는 최고의 도구이자 선물이다. 가끔 책을 읽던 시절의 나는 어떤 책을 읽어야 할지 몰라 광고에 나오는 책이나 주변 지인들이 권하는 책, 서점에 가서 인기 코너에 가서 눈에 들어오는 제목의 책을 선택했다. 당시의 나는 취미나 업무상 필요한 정도의 책을 읽었기에 변화에 대해서는 전혀 고민하지 않았다. 한번을 읽고 나면 다 읽었다는 성취감만 가질 뿐 읽은 책은 어디론가 사라져도 모를 정도로 무관심했고 내용 또한 머릿속에 거의 없었다.

독서를 막 시작했을 때도 그저 흥미 위주였다. 관심 있는 분야이거나 추천을 통해 책을 읽곤 했다. 책과 친해지는 것이 우선 목표였기에 책의 내용을 주의 깊게 읽기보다는 하루에 몇 페이지를 읽었는가를 먼저 떠올렸고, 독서량을 늘리기 위한 것에만 목적을 두면서 책 읽기를 했다. 말 그대로 단순한 책 읽기였다. 조금씩 책과 친해지면서 책의 내용이 눈에 들어오기 시작했다. 책을 읽으면서 생각이라는 것을 하기 시작했고 책의 내용을 함께 이야기할 수 있는 사람들이 있으면 좋겠다고 생각했다. 인터넷으로 검색하다 '나로부터 비롯된 변화'라는 의미가 있는 '나비'라는 명칭의 모임을 찾았다. 전국적으로 지역 특색의 명칭과 나비라는 명칭을 합쳐 '~~나비'라는 이름으로 상당히 많은 지역에서 다양한 날짜와 시간대로 모임을 하고 있었다. 나는 모임 지역이 멀면 오래 가지 못할 거라는 생각에 내 지역 주변에 있는지 찾아보았다. 다행히도 그리 멀지 않은 곳에 모임을 진행하는 곳이 있었다. 낯선 사람들 만나기를 어려워하는 나는 커다란 용기를 갖고 모임에 참석했다. 이 모임은 '본 깨 적'이라는 독서법을 실천하고 있었다. '본 깨 적'이란 책에서 본 것, 깨달은 것, 적용할 것을 찾아 읽는 독서법이다. 모임의 진행방식은 책을 선정하여 '본 깨 적' 독서법으로 선정한 책을 읽고 정기적으로 모여 자신의 '본 깨 적'으로 이야기하며 서로의 생각과 의견을 공유하는 방식이다. 처음에는 '본 깨 적'이라는 독서법이 다소 힘이 들었다. 그렇지만 책을 읽고도 머릿속에 거의 남지 않았던 예전의 방식보다는 기억에 오래 남고 생활에 적용할 것을 배울 수 있어 책을 제대로 읽는다는 기분이 들었다. 그리고 나는 책 한 권을 읽어도 이렇게 읽어야 책을 제대로 읽는 거구나 하는 것을 깨달았다.

모임에서 만난 다양한 책들을 '본 깨 적' 독서법을 통해 더욱 밀도 있는 책 읽기와 삶에 적용한 것이 하나둘씩 생겨나면서 새로운 일에 도전하기를 두려워하고 낯선 것을 불편해하며 늘 익숙함에 안주하려고 했던 잔잔한 호수와 같은 내 삶에 작은 돌멩이 하나가 날아와 물결을 요동치게 했다. 그저 회사만 잘 다니면서 먹고 사는 것에 불편함만 없으면 된다고 생각하며 평범하게 살아온 나에게 변화라는 씨앗을 심어 주었다. 조직과 회사를 어떤 시각으로 바라봐야 하는가 그리고 그 안에 소속되어 있던 나는 무엇을 준비해야 하는 가를 일깨워주었다. 그리고 본래의 자기를 찾는다는 의미의 '변역'과 '1인 기업'이라는 새로운 개념의 용어들을 보면서 내 안의 잠자고 있던 욕망이 꿈틀거리는 것을 느낄 수 있었다.

나는 지금도 내 삶에 새로운 패러다임을 심어 준 책을 수시로 읽고 있다. 책을 다시 읽으며 앞으로의 남은 내 인생을 설계하고 있다.

새벽 기상을 하면서 잠을 깨기 위해 했던 행동 중 하나가 필사였다. 처음엔 새벽에 일어나 가만히 앉아서 책을 읽으려고 하니 계속 졸음이 밀려와 책을 읽는 건지 책을 펼쳐놓고 잠을 자는 건지 모를 정도였다. 어느 날은 책을 펼치고 그대로 잠이 들었는지 눈을 떠보니 한 장을 채 읽지도 못하고 펼친 페이지에 침만 고여있던 적도 있다. 이대론 안 되겠다 싶어 많이 고민하다 몸이 움직이면 졸음이 덜 하겠지 생각하며 책의 내용을 그대로 베껴 쓰자고 생각했다. 당시에는 단지 졸음을 이겨내려는 방법으로 선택한 것이었는데 독서법과 관련한 책을 읽어 보니 필사도 독서법 중의 하나였다. 특히 정약용, 세종대왕과 같은 위대한 위인들이 즐겨 쓰던 방법이라고 한다. 필사하기 위해 제일 먼저 선택한 책이 공자의 논어였다. 논어는 글을 아는 사람들이면 누구나 다 아는 법이나 제도보다는 사람을 말하는 '인'을 중시했던 공자의 사상을 기술한 책이다. 총 20편으로 구성된 이 책은 공자의 《논어》라고 하지만 사실 공자가 쓴 책이 아닌 공자의 사상을 이어받은 제자들이 쓴 책이다. 책에 나오는 거의 모든 말들이 나에겐 하나하나 머리와 가슴에 꽂혔다. 그중에 꼭 하나만을 선택하라고 하면 제7 술이편에서 나오는 "삼인행 필유아사언 택선기자이종지 기불선지자이개지"라는 말이다. 세 사람이 함께 길을 걸어가면 그 가운데 반드시 내 스승이 될 만한 사람이 있다. 그중에서 선한 사람의 좋은 것은 본받아서 따르고, 선하지 못한 사람의 나쁜 것은 잘 살펴서 스스로 고쳐야 한다는 뜻이다. 어찌 보면 좋은 것은 받아들이고 나쁜 것은 고쳐야 한다고 평범하게 받아들일 수도 있던 이 말이 나에겐 늘 배움의 자세로 주변을 잘 살피고 자신을 낮추라는 이야기로 들렸다. 한번 그런 생각이 들기 시작하면서 항상 마음속에 되새김질하는 문장이 되었다. 공자의 《논어》를 제대로 만나게 되면서 내 삶 또한 변화가 생기기 시작했다. 늘 나를 중심으로 생각하던 행동들이 주변 사람을 배려하고 양보하는 생각들이 자라나 행동으로 변해갔다. 내 할 일만 하면 다른 이들이 늦게까지 일하든 말든 상관없어 하던 내가 동료나 부하직원의 일에 관심을 두고 내가 도와주면 함께 일 찍 퇴근할 수 있겠다며 일을 도와주곤 했다. 덕분에 소원했던 동료와의 관계가 돈독해졌고 함께 걸어간다는 의미가 무엇인지 깨닫게 됐다. 지금도 공자의 《논어》는 책장에 꽂아 두고 새벽마다 필사는 아니지만 한 구절씩 읽곤 한다. 나의 인생에서 가장 큰 변화를 이끌어준 몇 권의 책을 하루 중 가장 먼저 맞이하는 새벽에 늘 옆에 두고 읽는다. 가장 친한 친구처럼 늘 변함없이 내 옆에 있어 줄 소중한 존재와 같이 말이다.

새벽은 새로운 하루를 시작하는 시간이다. 공자는 《삼계도》에서 "일 생의 계획은 어릴 때 있고, 일 년의 계획은 봄에 있고, 하루의 계획은 새 벽에 있다. 어려서 배우지 않으면 늙어서 아는 것이 없고, 봄에 밭 갈지 않으면 가을에 바랄 것이 없고, 새벽에 일어나지 않으면 그날 할 일이 없다"라고 말했다. 새벽에 일어나 하루에 무엇을 할 것인가를 생각하고 계획하지 않으면 하루를 허무하게 보내게 된다. 인생 또한 계획하지 않 으면 무의미한 인생을 살아가게 된다. 책은 나를 만들어준다. 어떤 책 을 읽느냐에 따라 나의 인생 또한 달라진다. 남은 인생을 어떻게 살아 가야 할지 고민하고 있다면 자신의 인생에서 가장 중요하고 필요하다 고 생각하는 책으로 인생을 리빌딩하길 바란다.

내가 새벽 독서하는 진짜 이유

책을 읽는 가장 최적의 시간대는 언제일까? 아마도 목적과 상황에 따라 다를 것이다. 독서량을 목표로 한다면 틈틈이 읽기가 될 것이고, 힘들 때 위로받고 싶다면 밤에 에세이와 같은 분야를, 심심하고 무료함을 달래기 위해서는 낮에 소설이나 역사책을 읽으면 좋다. 이처럼 다양한 상황에서 다양한 분야의 책을 읽는 것이 효과적이다. 그러면 현재가 아닌 자신의 미래를 계획하고 건설하고자 한다면 새벽에 읽는 게 제일 좋다. 새벽은 주변의 방해가 없어 생각에 집중할 수 있는 시간대이다. 자신의 미래를 계획하는데 정신없는 낮이나 감성이 풍부한 저녁에 하기엔 주변의 방해가 너무 많다. 자신의 미래를 건설하는데 꼭 책을 통해야만 하는 것은 아니지만 가장 좋은 방법이 독서하는 것이기 때문에 주변의 방해가 없는 새벽에 독서하며 미래를 만들어 가는 것이 가장 좋다.

글을 쓰려면 책을 많이 읽어야 하는 것은 당연한 행동이다. 읽은 책의 양만큼 글이 써진다고 봐도 무방할 것 같다. 그 이유는 책을 읽는 그 자체가 다른 사람의 경험을 간접적으로 경험할 수 있기 때문이다. 글을 쓰는데 풍부한 경험만큼이나 좋은 건 없다. 경험이 많으면 글쓰기가 쉬워진다. 그러나 그 많은 경험을 모두 직접 하기는 불가능에 가까운 일이다. 그래서, 다양한 방법을 통해 간접적으로 경험을 얻는다. 간접경험을 얻을 수 있는 다양한 방법 중 가장 좋은 것이 책을 읽으며 책 속의 내용을 내 것으로 만드는 것이다.

2주에 한 번씩 온라인으로 모이는 독서 모임에서 책 쓰기를 위한 소모임을 추진한다는 글이 올라왔다. 내 이름 석 자가 찍힌 책을 출판하고 싶은 마음은 굴뚝 같았지만, '내가 글을 쓸 수 있을까?' 하는 생각에 처음엔 많이 망설였다. 며칠 동안 모집한다는 글을 보며 하고 싶은 마음과 하지 못하는 이유가 서로 충돌하며 계속 머릿속을 복잡하게 만들었다. 하루에도 몇 번씩 '해볼까'와 '아니야 글도 못 쓰고 회사 일도 바쁜데'라는 생각이 왔다 갔다 했다. 망설임 끝에 지금 아니면 기회가 다시는 찾아오지 않을 것 같아 '한 번 해보자'라고 속으로 다짐하고 모임에 참여 신청을 했다. 책 쓰기 모임에 신청하고 나니 복잡하게 충돌하던 생각들은 사라졌지만, 또 다른 생각이 머릿속으로 들어왔다. 두려움이었다. '이제 책을 어떻게 쓰지?', '회사 일이 바빠서 책 읽을 시간조차 없어 책을 손에 놓다 시 피했는데 괜히 신청했나?' 온갖 생각들이 또다시 머릿속을 헤집어 놓았다.

모집 기간이 끝나고 프로젝트가 시작되면서 첫 모임을 했다. 첫 모임에서 가장 먼저 내준 숙제는 글 쓰는 습관을 만들기 위한 필사였다. 오래전 노트에 손 글씨로 한 권의 책을 필사한 경험이 있던 나는 필사라면 괜찮겠다 싶었는데 손 글씨가 아닌 키보드 자판으로 하는 필사였다. 색다른 경험이라 생각하며 컴퓨터로 책을 따라 자판을 치기 시작했다. 처음 며칠은 아무 생각 없이 필사했는데 손 글씨보다는 적지만 생각보다 시간이 많이 소요됐다. 장시간의 출퇴근과 바쁜 회사업무에 필사를 꾸준히 하기가 생각보다 어려웠다. 그리고 목적이 필사가 아니라 책을 쓰는 것이기에 이렇게 생활하면 나중에 본격적으로 책을 쓰기 시작할 때 도저히 시간을 맞출 수가 없을 것 같다는 생각이 들었다. 업무시간에 짬짬이 시간을 내보기도 했고, 출퇴근 시간을 활용해보기도 했지만 다른 곳에 신경을 쓰다 보면 빼먹는 것이 다반사였다. 앞으로 내가 이것을 달성하려면 가장 시급한 것이 무엇일까 고민하고 내린 결론은 시간 확보였다. 원인을 찾았으니 이제는 방법을 고민해야 했다. 시간을 확보하기 위해 내가 선택한 방법은 새벽 기상이었다. 아무리 생각해도 새벽에 하는 것 외에는 방법이 없어 보였다. 많은 고민 끝에 내린 결론이라 다음 날부터 바로 실천에 들어갔다. 한동안은 적응하느라 힘들었지만, 새벽 시간을 활용하면서 꾸준히 필사를 할 수 있었다. 필사하고 난 뒤의 남은 시간은 독서하는 시간으로 활용하면서 책 읽는 양을 늘려갔다. 새벽에 독서하면서 새벽 독서가 낮이나 저녁에 하는 독서와 다른 뭔가 밀도 높은 책 읽기가 된다는 느낌을 가져다주었다.

앞서 글을 쓰기 위해서는 경험이 풍부한 것이 좋고, 풍부한 경험은 독서를 통해 얻을 수 있다고 말했다. 처음엔 그저 막연히 책 쓰기를 하고 싶다는 생각에서, 그리고 책 쓰기를 함께하는 분들에게 피해를 주면 안 될 것 같아서, 그렇게 시작한 새벽 2시간이 지금 이렇게 나만의 책을 쓰기까지 만들어주었다.

'책 쓰기로 성장하고 원하는 삶 살기'라는 온라인 모임이 있다. 모임의 미션은 책 한 꼭지를 필사하고 감상 글을 쓰는 것이다. 나는 모임의 미션을 늘 새벽 루틴을 통해 실천했다. 최근 진행하던 프로젝트의 종료일이 다가와 마무리할 것이 많아지면서 자연스럽게 매일 야근하게 되었다. 퇴근해 집에 들어오면 보통 시간이 11시~12시 정도였고, 정리하고 잠자리에 들어가면 대략 12~1시였다. 그런데도 나는 늘 새벽 4~5시부터 새벽 루틴을 실천하며 미션을 수행했다. 그러던 어느 날 철야까지 업무를 하느라 새벽 5시에 퇴근하여 그날만큼은 새벽 루틴을 하기엔 체력적으로 힘들다고 생각되어 오늘은 미션 수행이 어렵다는 내용을 전달했다. 늘 새벽에 그날 미션을 공유했던 나에게 모임의 일원 중 한 분이 힘을 내라는 말과 함께 "새벽 중독자"라는 말을 했다. 보통 중독자 라고 하면 좋은 의미보다는 나쁜 의미로 사용되어 듣는 사람에 따라 기 분이 나쁠 수도 있다. 그러나 나는 '중독자'라는 말을 듣는 순간 기분 좋 게 들려왔다. 그 말을 했던 분도 좋은 의미로 이야기한 것이라는 것을 알기에 더욱 기분이 좋았다. "식충", "맘충"과 같이 "○○충"이라는 부 정적인 의미로 사용되는 단어도 '책벌레'라는 단어로 사용하면 열심히 책을 읽는 사람을 일컬으며 좋은 의미로 사용하듯 '중독자'라는 부정 적인 의미로 사용되는 단어가 '새벽'이라는 단어와 합쳐지니 긍정적인 의미로 들리는 효과를 불러일으켰다. 그만큼 꾸준함을 유지할 수 있었 던 것은 새벽 기상과 함께 한 독서라는 생각이 든다. 또다시 새로운 도 전을 시작했고 늘 바쁨 속에 살아가다 보니 매번 도전에 실패했던 나를 돌아보며 이번엔 성공해보자는 다짐과 함께 돌파구를 찾기 위한 선택 이 새벽 시간이었다. 이 선택이 다른 사람의 눈엔 새벽에 중독된 사람 처럼 비칠 정도로 나에겐 새벽이 주는 효과는 컸다.

지금까지 내 인생에서 꿈을 위해 많은 시도와 노력을 했지만, 주변 환 경에 의해 꾸준히 실천하기에는 많은 어려움이 있었다. 그러나 새벽이 라는 시간이 지금까지도 목표를 위해 꾸준히 실천할 수 있는 원동력이 되고 있다. 새벽이 주는 기운에 중독되어 목표를 향해 나아가는 성장이 라는 늪에 빠져 매일 매일 한 단계씩 성장하고 있다는 것을 느끼고 있다.

단순히 책을 쓰고 싶다는 생각으로 시작한 새벽 기상과 독서가 책 쓰는 것만이 목적이 아닌 나의 삶에 많은 것을 바꾸어 주었다. 가끔 주변 사람들과 이야기를 나누다 보면 새벽에 일어나기를 굉장히 어려워한다. 나도 새벽 기상이 익숙해지기 전까지는 그 말에 100% 동감했다. 지금도 새벽에 일어나는 일이 쉬운 일이라 생각하지는 않는다. 그러나 무언가 이루고자 하는 열망이 있고, 그것을 실천해 나아가기 위한 시간이 절대적으로 필요한 나에게는 새벽이라는 달콤한 열매를 놓을 수가 없다. 나의 이전 삶에서는 새벽은 존재하지 않았다. 그렇기에 하고 싶은 열망이 생겼다가도 직장과 가정생활에 쫓겨서 시간이 없다는 이유로 늘 아쉬움과 실망 속에서 살아왔다. 새벽을 누리는 지금의 삶은 그동안 열망했던 꿈을 향하여 한 걸음씩 나아가고 있다. 꿈을 이루고 싶다면 지금부터 새벽에 일어나 독서를 시작해보자. 그러면 왜 새벽에 하는 독서가 꿈을 현실로 만들어줄 수 있다고 말하는지 알게 될 날이 찾아올 것이다.

낮 독서와 새벽 독서는 천지 차이다

독서하는 시간대가 정해져 있는 건 아니지만 독서의 질이 다른 시간대는 분명히 있다. 분야에 따라 차이는 더욱 벌어진다. 독서를 처음 시작하려는 사람들은 이 말이 어떤 의미인지 아마도 알지 못할 것이다. 그러나 독서에 어느 정도 익숙한 독자라면 공감을 할 것이다. 독서를 처음 시작하는 사람들은 독서의 질을 따지기보다 우선 책에 익숙해지는 것을 먼저 해야 한다. 다시 말해 책을 항상 곁에 두고 시간이 나는 대로 책을 읽으며 독서에 재미를 붙여야 한다는 말이다. 독서에 재미를 느끼고 어느 정도 익숙해지면 마구잡이식 독서는 큰 도움이 되지 않는다. 이때부터는 독서의 질을 높이는 것이 필요하다. 앞서 말했듯이 분야에 맞는 독서 시간대를 찾아 같은 시간 책을 읽어도 좀 더 효과적인 독서를 하는 것에 집중해야 한다.

독서를 좋아하는 사람들의 최고의 휴가는 아마도 오롯이 독서에만 집중할 수 있는 시간을 갖는 것일 것이다. 독서를 좋아하지 않는 사람들은 이해가 안 되겠지만 독서를 좋아하는 사람들은 책 읽는 시간을 통해 힐링한다. 힐링은 하고 싶은 일에 몰입하는 동안 발생한다. 아마 대부분 하고 싶은 일에 몰입했던 순간이 있을 것이다. 그 순간을 떠올려 보면 일에 몰입하는 동안만큼 시간이 어떻게 흘러가는지 모르게 빠져든다. 독서할 때도 가장 중요한 것이 몰입이다. 몰입하지 않은 독서는 책을 덮고 나면 어떤 내용이 있었는지 또는 이야기가 어떻게 흘러가는지 기억나지 않을 때가 많다.

직장을 다니는 직장인의 경우를 떠올려 보자! 낮에 업무를 하는데 몰입해서 책을 읽을 수 있겠는가? 저녁 시간도 마찬가지로 업무로 인해 몸이 피곤한 상태에서 억지로 독서를 시작한다고 해도 독서에 몰입하기에는 쉽지 않다. 때로는 직장동료와 식사하거나 술을 마시며 늦게까지 있는 날에는 책을 읽을 시간이 별로 없다. 이런 시간을 모두 고려하고 독서를 한다 해도 책을 그냥 눈으로 읽기만 하는 경우가 많을 것이다. 물론 그렇게 읽어도 괜찮은 책을 선택하여 읽는다면 책 읽기는 가능하다. 다만, 삶의 변화를 위한 독서를 한다면 낮이나 저녁에 하는 독서는 투자하는 시간에 비해 효과가 그리 크지는 않다.

새벽에 하는 독서는 그 시작부터 다르다. 새벽은 신체적으로 밤에 충분한 수면을 통해 충전된 신체 상태이다. 업무에 시달리는 낮과 피로도가 쌓인 저녁의 신체 상태와는 완전히 다르다. 전날의 많은 일과 생각들이 정리되고 새로운 것을 받아들일 수 있는 맑은 상태이기에 책을 읽기에 아주 좋은 상태이다. 또한, 낮과 저녁은 계획되지 않은 일들의 간섭으로 독서에 집중하기 어렵지만, 새벽은 그 누구도, 그 무엇에도 방해받지 않는 시간이다. 거의 모든 사람이 잠들어 있는 새벽 시간에 일어나본 경험이 있는 사람은 알 것이다. 이 시간을 독서에 투자한다면 그 결과는 어떻겠는가? 책에는 수많은 사람의 경험, 생각, 철학, 메시지가 담겨있다는 것은 독서해본 사람이라면 잘 알 것이다. 아무런 방해도 받지 않는 시간에 독서하며 흡수하는 지식과 정보 그리고 지혜는 주변의 방해를 받는 시간의 독서와는 천지 차이가 난다고 감히 말할 수 있다.

책과 거의 담을 쌓고 살았던 내가 처음 독서를 시작할 때는 이렇게 많은 시간을 투자하며 책을 읽을 수 있는 내가 신기했고, 완독한 책이 늘어나면 늘어날수록 머릿속에 지식이 쌓여가는 것만 같아 뿌듯함이 가득했다. 또한, 가끔 책에서 읽었던 내용을 생활 속에서 활용하면서 '이것이 독서의 힘이구나' 하며 독서의 매력에 점점 빠져들어 갔다. 그렇게 독서하며 시간이 어느 정도 지나 독서량도 제법 늘어나면서 더 나은 방향으로 가야 하는데 제자리에 있는 듯한 기분이 들었다. 단순히 흥미 위주의 책 읽기를 하는 것은 독서의 즐거움을 가져다주지만, 삶의 변화까지는 만들어주지 못했다. 아니 뭔가 알 수 없는 갈증이 계속 느껴진다고 해야 하는 것이 맞을 것이다. 부족함이 채워지지 않으면서 독서에 대한 회의감도 생겨나 한동안 독서 자체를 멀리하게 되었다. 질 높은 독서에 대한 고민과 함께 찾아온 독서 슬럼프로 한동안 책과 멀리하게 되었지만, 다행히도 독서에 익숙해지기 위해서 했던 책을 항상 곁에 두는 습관 덕에 슬럼프가 오랜 시간 지속하지 않았다.

독서를 다시 시작하면서 어떻게 하면 나를 변화시킬 수 있는지, 좀 더 생산적인 독서를 할 방법은 없을까 하는 질 높은 독서에 대해 깊은 고민에 빠졌다. 슬럼프와는 다르게 방법을 찾고자 하는 생산적인 고민이었다. 그동안 책을 읽었던 방식을 돌아보며 부족한 것이 무엇이었는지 여러 독서법 책을 틈틈이 읽으며 내가 놓치고 있는 건 어떤 것이며 그들의 방법은 어떤 것이 있는지를 하나씩 탐독하기 시작했다. 속독, 다독, 통독, 발췌독, 음독, 정독 그리고 저자만의 방식 등 다양한 방법들이 존재했다. 모두 책을 읽는 유용한 방법이지만 바쁜 업무가 많은 직장을 다니는 나로서는 짧은 시간에 질을 높이는 방법이 더 필요했기에 고민은 계속되었다. 낮에 틈새 시간을 활용하여 틈틈이 읽는 방법은 독서 습관을 만들기에는 좋으나 집중도가 많이 떨어진다. 독서량만 늘어날 뿐 기억에 남는 내용이 별로 없다. 이렇게 계속되면 안 되겠다고 생각하며 여러 방법을 궁리하고 시도하다 새벽 시간을 활용하는 책을 읽으면서 '이거다'하는 생각이 번쩍 들었다. 새벽에 일어나는 게 쉬운 일이 아니라는 건 이미 알고 있지만, 독서를 좀 더 질적으로 높이고 싶은 마음에 시도하기로 마음을 먹고 다음 날부터 새벽에 일어나기 시작했다. 처음엔 평소와 비슷한 시간에 잠이 들어 새벽에 일찍 일어나 책을 읽으니 글이 눈에 들어오지 않고 하품만 연신 해댔다. 조금 읽다가 다시 잠들기를 반복하고 수면시간도 적어져 업무시간에 꾸벅꾸벅 졸기도 했지만, 새벽에 일어나는 것을 포기하지 않았다. 새벽 독서를 위한 좋은 방법을 고민하다 저녁에 하던 일들을 하나씩 줄이며 일찍 잠을 자는 노력을 했다. 어느 정도 수면시간이 확보되고 일찍 자는 게 적응되니 새벽에 일어나는 것도 익숙해지기 시작했다. 새벽 기상이 자연스러워지니 책을 읽는 양도 늘어났다. 무엇보다 새벽은 대부분 사람이 잠을 자는 시간이라 그런지 고요함과 정적이 흘러 집중력이 높아졌다. 집중해서 책을 읽으며 책 속의 내용을 되새기고 사유하는 시간을 가지며 깨달음을 얻기도 했다. 또한 하루를 일찍 시작하니 여유가 생겼고, 여유 있는 하루로 시작하니 긍정적인 생각들이 머릿속에 자라나기 시작했다. 긍정적인 생각들이 늘어나면서 하루하루 생활의 변화도 일어났다. 과거 늘 부정적인 생각 속에서 머물며 매사에 불만을 가졌던 내 생활이 바보스러울 정도로 부끄러웠다. 직장을 다니며 낮에는 책 읽고 생각할 시간을 방해하는 요소가 수시로 나타나 생각할 여유가 없었다면, 새벽은 책을 읽으며 많은 생각을 할 수 있는 여유가 있어 나를 돌아보게 했다. 무엇보다 생각에 방해받지 않다 보니 더욱 나에 대해 돌아볼 기회가 많았고, 그로 인해 나를 더 긍정적으로 변화시키고 있다는 게 느껴졌다. 결국, 독서는 단순히 글을 읽는 데서 끝나는 게 아니라 수많은 생각을 통해 하루의 생활을, 그리고 삶을 변화시켜준다는 생각이 들었다. 이런 관점에서 보면 낮에 하는 독서는 방해 요소들이 많아 책 읽기에서만 끝날 때가 많지만, 새벽은 사유할 수 있는 시간 많아 조금 더 질 높은 독서를 할 수 있다고 생각한다.

독서는 분명 우리의 삶을 변화시켜줄 수 있는 가장 좋은 수단 중의 하나이다. 특히, 집중적인 독서는 더욱 빠르게 삶을 바꾸어 줄 수 있다. 그러나 하루의 일상을 생각해봤을 때 온전히 독서에만 투자할 수 있는 사람을 제외하고는 독서에 집중할 수 있는 시간이 많지 않을 것이다. 낮이나 저녁에 하는 독서는 수많은 방해 요소로 인해 독서를 건너뛰거나 책 읽기에 집중하지 못할 때가 자주 발생하는데, 이에 반해 새벽은 밤새 수면을 통해 지쳐있던 심신의 피로를 풀고 새롭게 하루를 맞이하는 시간으로 깨끗하게 치워진 책상처럼 맑은 뇌의 상태가 되어 새로운 것을 받아들일 수 있게 만들어준다. 이 시간을 활용하여 위대한 성인들의 삶과 철학 그리고 메시지가 있는 책을 읽으며 시작한다면 분명 이전과는 다른 하루를 맞이하게 될 것이다. 부디 잠의 유혹에 빠져 헐레벌떡 일어나 정신없이 시작하는 하루로 만들기보다 새벽 시간을 통해서 질 높은 독서로 시작하는 생산적이고 긍정적인 하루로 만들어 가길 바란다.

제3장
새벽 기상 비법

새벽 기상은 잠을 줄이지 않는다

많은 사람이 이른 새벽에 일어나는 것을 거의 불가능에 가깝다고 생각한다. 왜 이런 생각을 할까? 물론 새벽에 달콤한 잠에서 깨어 잠자리를 박차고 일어나기가 쉬운 일은 아니다. 아마도 꿈이 달콤하면 달콤할수록 더욱 일어나기 싫을 것이다. 이 글을 쓰고 있는 나도 가끔은 새벽에 잠에서 깨어 눈을 뜨면 제일 먼저 떠오르는 생각이 '조금만 더 잘까?'이다. 그만큼 새벽에 일어나는 일은 쉽지 않다. 그렇다고 새벽에 일어나는 게 불가능한 일도 아니다. 어쩌다 한번이 아니라 지속해서 새벽에 일어나는 걸 말하는 것이다. 새벽 기상이 어려운 이유 중 하나가 잠을 줄이려고 하는 것이다. 밤늦은 시간에 잠을 자고 새벽에 일찍 일어나려고 하는 건 큰 욕심이다. 가끔은 늦은 시간에 잠이 들어도 새벽에 일어날 수 있겠지만 새벽 기상을 습관으로 만들기는 힘들다.

직장인 대부분이 새벽 기상을 위해 잠을 줄이려고 한다. 그렇게 수면시간을 줄여가면서 새벽에 일어나 비몽사몽인 상태에서 무엇을 할수 있을까? 그리고 힘들게 일어나 새벽을 보냈다고 한들 낮에 쏟아지는 졸음을 버텨낼 자신이 있을지도 궁금하다. 낮에 자신이 원할 때 잠을 잘 수 있는 사람이라면 모를까 잠을 줄여가면서 생활하는 패턴은 오래 가지 않는다. 분명 직장생활을 하다 보면 저녁 활동이 많아 늦게 잠이 들 수밖에 없는데 잠을 줄이지 않고 어떻게 새벽 기상을 할 수 있냐고 반문하는 사람도 있을 것이다. 수면이 부족하면 어떤 증상이 나타나는지 한번 알아보자.

첫째, 면역력이 저하된다. 하루 6시간 이하로 잠을 적게 자는 사람은 7시간 이상인 사람보다 감기에 걸릴 가능성이 4.2배 높다는 연구 결과도 있다. 수면 부족은 우리 몸의 면역체계를 약하게 만들어 각종 질병에 취약하게 만든다.

둘째, 체중이 증가한다. 잠을 못 자면 식욕을 촉진하는 그렐린 호르몬이 더 많이 분비되고, 식욕을 조절하는 렙틴 호르몬은 더 적게 분비된다고 한다. 또한, 짠 음식을 갈망하는 뇌 일부도 활성화되어 살이 찔 수 있다고 한다. 특히 밤에 라면과 같은 자극적인 음식을 찾는 이유가 여기에 있다.

셋째, 우울감이 상승한다. 수면이 부족하면 불안하거나 우울한 감정이 강해진다. 이런 감정이 강해지면 더욱 잠을 잘 수 없는 악순환이 발생한다. 닭이 먼저냐, 알이 먼저냐의 이야기가 될 수 있겠지만 수면이 부족하면 우울감이 증가한다는 사실은 변함이 없다는 것을 명심해야 한다.

넷째, 성욕이 감소한다. 인간이 살아가는 데 있어 기본적으로 가지고 있는 욕구 중 하나가 성욕이다. 성욕이 넘쳐나 사고로 이어지는 것도 문제이지만 수면 부족으로 인한 성호르몬 분비가 감소하면 여성은 불임의 가능성이 커지고 남성 또한 발기부전 등의 현상이 나타날 수 있다.

다섯째, 짜증과 분노와 같은 악감정이 증가한다. 충분히 잠을 못 자면 짜증을 쉽게 내고 작은 일에도 분노를 느끼는 감정을 아마도 최소한 한 번쯤은 경험해봤을 것이다. 미국 아이오와주립대 연구진이 2020년에 발표한 연구에 따르면, 수면시간을 줄인 실험 참가자는 더 자주, 더 강하게 분노를 나타냈다. 잠을 못 자면 감정을 조정하는 전두엽 피질 활동이 저하되면서 이성을 잃을 확률이 높아진다고 한다.

여섯째, 기억력이 저하된다. 잠을 자는 동안 보고 듣고 느꼈던 내용이 기억으로 저장된다는 사실은 잘 알려진 사실이다. 잠을 억지로 줄이면, 뇌가 휴식을 취하는 렘수면 시간이 줄어들어 인지기능 장애가 발생할 수 있다.

수면이 부족하면 이처럼 많은 증상이 나타나는데 저녁 활동이 많아 늦게 잠든다는 이유로 잠을 줄여가며 새벽에 일어나는 건 어리석은 행동이다. 그렇다면 지금 저녁에 하는 여러 가지 활동이 정말 자신에게 필요한 것인가를 한번 생각해볼 필요가 있다.

오래전 아침형 인간이 붐을 일으켰다. 그 뒤로 사람들은 아침형 인간과 저녁형 인간으로 나누어 자신이 아침형인지 아니면 저녁형에 속했는지를 이야기하곤 했다. 나도 아침형 인간이 되어 생산적인 인간이 되어보자고 다짐했다. 다음 날부터 바로 새벽 5시에 일어났다. 처음에는 일어나서 뭘 해야 할지 몰라 생각나는 데로 몸을 움직였다. 흔히 누구나 하면 좋다고 이야기하는 명상, 조깅(산책), 독서, 일기 쓰기 등을 했다. 그 당시 나는 7시 정도에 집을 나서야 출근 시간을 맞출 수 있었던 상황이기에 나의 아침 일과는 다음과 같았다.

5시 : 기상

5시 ~ 5시 10분 : 명상

5시 10분 ~ 5시 30분 : 일기 쓰기

5시 30분 ~ 6시 : 조깅 또는 산책

6시 ~ 6시 30분 : 독서

6시 30분 ~ 7시 : 출근 준비

출근 시간이 다 되어서야 간신히 일어나 허둥지둥 출근 준비하며 하루를 시작한 이전과는 달리 아침 1시간 30분 동안 생산적인 활동을 하고 있음에 커다란 성취감을 가졌다. 그런데 얼마간의 시간이 지나 기상 시간이 불규칙해지면서 하나둘씩 실천하지 못하는 상황이 발생하기 시작했다. 다시 예전의 삶으로 돌아가고 있다는 것을 느끼고 무조건 기상 시간을 5시로 정해 '어떤 일이 있어도 일어나자'라고 다짐하며 굳은 마음으로 실행에 옮겼다. 그렇게 다시 규칙적인 아침 생활로 활기찬 하루를 맞이하며 나의 활력소가 되어가는 듯했다. 그러나 이상하게도 시간이 흐를수록 점점 건강이 나빠지는 것이었다. 분명 아침에 일찍 일어나 운동도 열심히 하고 규칙적으로 생활하는데도 건강은 나아지지 않는 것이었다. 영양소가 부족해서 그런가 싶어 영양제도 열심히 챙겨 먹었지만, 건강은 계속 나빠져만 갔다. 이상했다. 나는 체질상 아침형 인간이 맞지 않았던 것일까? 결국, 건강 상태가 많이 안 좋아져 몇 개월 동안 실천했던 아침형 인간 생활을 중단했다.

다시 예전의 삶으로 돌아간 나에게 다시 불을 지펴준 것도 책이었다. 책을 읽으면서 예전의 생활이 떠올랐다. 새벽 공기를 마시며 활기차게 시작했던 때를 생각하니 다시금 하고 싶다는 생각이 들었다. 그러나 건강이 나빠졌던 걸 생각하니 선뜻 행동하기가 두려웠다. 며칠을 망설이다가 다시 해보자는 마음을 먹고 무엇이 잘못되었던 건지 당시의 상황을 다시 곱씹으며 다시 새벽 기상을 시작했다. 그 당시 하지 않았던 것

중 가장 먼저 떠오른 건 잠자는 시간을 일정하게 유지하는 것이었다. 수면시간을 6시간 채우면서 계획한 시간에 일어나는 것을 목표로 했다. 4시 기상을 목표로 역으로 계산하니 10시 전에는 잠을 자야 했다. 처음에는 그 시간에 잠이 드는 게 쉽지 않았지만, 새벽을 일찍 시작한 덕분인지 조금씩 익숙해져 갔다. 새벽의 생활은 처음 시도했던 것과 비슷한 패턴이었고, 그 당시 상황보다 1시간을 더 확보하여 책을 읽는 시간으로 활용했다. 예전처럼 건강이 다시 나빠지면 어떡하나 싶었는데 건강은 나빠지지 않고 괜찮았다. 처음 시작했던 기간보다 더 오랜 시간을 새벽 기상을 하는 지금에도 건강이 유지되고 이제는 익숙해져 새벽 5시 전에 일어나지 않으면 오히려 어색하기까지 하다.

많은 사람이 새벽 기상을 어려워하면서도 늘 새벽에 일찍 일어나 계획한 일을 하고 싶다는 바람을 가지고 있다. 주변의 많은 사람이 내가 새벽 4~5시에 일어난다고 하면 다들 대단한 시선으로 바라본다. 자기는 꿈도 꾸기 어렵다고 말하면서 말이다. 앞서 이야기했듯이 기상이 대단한 것이 아니라 충분한 수면시간을 확보하지 않고 일어나는 것에만 신경을 쓰기 때문에 어려운 것이다. 누구나 새벽 기상을 할 수 있다. 새벽 기상이 어려운 이유는 생활 방식이 잘못되었기 때문이지 결코 못 하는 일은 아니다. 남들보다 일찍 아침을 맞이하면서도 건강을 잃고 싶지 않다면 잠을 줄이려고 하지 말고 생활 방식을 바꾸는 것에 집중하길 바란다.

11시 전, 취침에 들어가라

하루 중 가장 이상적인 취침 시간은 언제일까? 아마도 밤 9시~11시를 떠올릴 것이다. 사람마다 차이가 있겠지만 나도 밤 10~11시 사이 취침에 들어가는 게 이상적이라고 생각한다. 그러나 직장인 대부분이 이상적이라고 생각하는 9시~11시 사이에 잠드는 경우가 별로 없다. 많은 직장인이 이 시간에 잠들지 못할 것이다. 보통 낮에는 회사업무를 한다고 개인적인 일은 저녁으로 미루고, 저녁이 되면 낮에 미뤄놓은 일을 한다. 모든 외부 활동이 끝나 집에 들어가면 시간이 대략 10~11시 정도가 되기 때문이다. 회사에서 집까지 거리가 먼 사람일수록 시간이 더 늦어질 것이다. 일상적인 생활 자체가 취침 시간을 늦추게 만드니 새벽 기상은 당연히 이룰 수 없는 꿈만 같은 이야기가 되어버린다.

직장을 다니는 나도 마찬가지로 개인 약속은 대부분 저녁에 있다. 낮에는 누군가를 만나서 한가로이 이야기할 여유가 없기 때문이다. 업무 시간에 개인 볼일을 해서는 안 되겠지만, 개인적인 일을 한다고 해도 회사업무가 많아 쉽지 않았다. 회사에서 월급 받는 월급쟁이로서 업무 시간을 회사 일이 아닌 개인적인 일로 사용해서는 안 되는 건 당연한 일이다. 가끔 회사업무로 인해 스트레스가 많은 날은 직장동료와 저녁 식사 겸 술 한잔하며 늦은 시간까지 이야기하고 집에 들어가기도 했다. 거의 매일 늦게 들어가니 취침 시간도 늦어지고 새벽에 일어나는 건 불가능에 가까운 일이었다. 마음속에는 항상 자기 계발하려는 마음이 간절했지만, 불규칙한 생활로 인해 자기 계발하는 것은 꿈만 같은 일이었다. 그러던 어느 날, 코로나로 인해 거리 두기가 강제 시행되었다. 여러 사람과 함께하는 걸 좋아했던 나는 식당, 카페 등에서 여러 명이 같이 있을 수 없다는 것이 매우 아쉬웠다. 그리고 저녁 식사부터 시작하여 2차, 3차까지 이어지던 술자리가 1차가 끝날 무렵이 되는 9시면 모든 식당의 출입이 제한되어 갈 곳을 잃은 양처럼 길거리에서 헤매다 아쉬움을 뒤로하고 헤어지기도 했다. 거리 두기 이전까지만 해도 진솔한 대화를 하기 위해서는 술자리가 있어야 하고, 술자리를 통해 많은 대화를 하며 상대를 설득할 수 있다고 생각하며 살았다. 그러나 코로나로 내 삶에 많이 것이 변화되었다. 식당이 일찍 문을 닫으니 일찍 집에 들어갈 수밖에 없는 환경이 만들어졌다. 부하직원과 술 한잔하며 하던 상담도 오후에 차 마시며 이야기하는 걸로 바뀌어 갔다. 처음엔 낯선 환경에 다소 어색해서 말하고 싶은 이야기를 다 하지 못하고 맘속에 담아두곤 했는데, 조금씩 적응되면서 차 마시며 이야기하는 게 술 마시는 것보다 더 진솔한 대화가 되는 느낌이 들었다. 술자리에서는 술에 취하게 되면 이성을 잃고 의사 전달을 잘못하여 언성이 높아지며 기분 상하는 일도 많았는데, 차 마시며 이야기하는 자리에서는 마지막까지 이성을 잃지 않고 대화하니 설득이 더 잘 됐다. 음식점들이 일찍 문 닫으니 자연스럽게 저녁 약속도 줄어들며 불필요한 약속들이 사라지는 긍정적인 효과로 이어졌다. 인원수에 제약을 둔 것에는 불편함이 있었지만, 시간에 제약을 둔 것이 나에게는 더 좋은 결과가 되었다. 돌이켜보니 저녁에 불필요한 약속들이 참 많았었다. 여러 가지 핑계로 술자리를 만들었고, 자의든 타의든 술자리가 밤늦게까지 연결되면서 몸과 정신이 피폐해져 가는 상태를 스스로가 계속 만들고 있었던 것이었다. 늘 자기 계발을 갈망하면서도 정작 하고자 마음먹고 나면 할 수 있는 시간이 없다며 자신에게 핑계를 대던 나에게 하늘이 준 기회였다. 초반엔 밤늦은 시간까지 이어지던 외부 활동에 제동이 걸려 집에 일찍 들어간 거라 뭘 해야 할지 몰라 집에서도 그냥 텔레비전만 보다가 밤늦게 잠이 들곤 했다. 외부 활동만 줄어들었을 뿐 생활 방식은 크게 변화가 없었던 것이었다. 그렇게 시간을 보내다 바뀐 환경에 익숙해질 무렵 '이렇게 시간을 흘려보낼 게 아니라 자기 계발을 위한 시간으로 활용해봐야겠다.'라는 생각이 들었다. 우선 가족들이 깨어있는 시간은 방해받을 수 있으니 가족들이 모두 잠든 밤늦은 시간을 활용했다. 그러나 야근이 있는 경우 퇴근 시간이 늦어지고 피로감에 쉬고 싶다는 마음이 더 앞섰고, 가족들이 항상 같은 시간에 잠이 드는 게 아니다 보니 건너뛰는 경우가 더 많았다. 현재 내 상황에서 늦은 시간에 자기 계발을 하는 건 어렵다는 생각이 들었다. 다른 방법을 고민하다가 '그러면 잠을 일찍 자고 새벽에 좀 더 일찍 일어나 해볼까?' 하는 생각이 들어 곧바로 행동으로 옮겼다. 밤에는 가족 중 누군가가 깨어있으면 함께 늦게까지 있는 경우가 많아 자주 방해받았는데, 일찍 자고 일찍 일어나니 방해받는 일이 상당히 줄어들었다. 일찍 잠이 드니 새벽에 일어나는 게 힘들지 않았다. 새벽에 일어나 혼자만의 조용한 시간이 만들어지며 자기 계발을 꾸준히 할 수 있게 되었다. 일찍 잠을 자고 일찍 일어난 게 내 인생에 있어 바둑의 판세를 뒤집는 신의 한 수였다.

꾸준한 새벽 기상을 위해 나는 일찍 잠을 자는 방법을 선택했고 실천했다. 전문가들이 말하는 성인 기준 적정 수면시간은 평균 7시간이라고 말한다. 그러나, 7시간을 수면하면서 목표한 시간인 4시를 맞추려면 너무 이른 시간이기에 수면시간을 6시간으로 정했다. 수면시간을 정하니 밤 10시에는 취침해야 한다는 계산이 나온다. 이 시간을 지키기 위해 제일 먼저 한 행동은 어쩔 수 없이 발생하는 야근 이외에는 거의 모든 외부 활동을 없앴다. 코로나로 인해 약속이 많이 줄어들긴 했지만,

가끔 생기는 약속은 당분간 익숙해질 때까지 뒤로 미루기로 했다. 회사에서 집까지 거리가 멀어 퇴근 시간이 거의 2시간 반 정도 걸린다. 회사에서 6시에 퇴근해도 집에 들어오면 8시 30분쯤 된다. 집에 들어와 간단하게 저녁을 먹고 남은 약 1시간 정도를 어떻게 보낼 것인가를 생각해봤지만 10시가 되어 눕는다고 바로 잠들지 않기에 30분간 새벽에 뭘 할 것인가를 계획하고 9시 30분이 되면 잠을 자러 침실로 들어가 잠잘 준비를 했다. 처음에는 익숙하지 않아 잠이 바로 오지 않았다. 눈을 감고 이리저리 뒤척이다 보면 어느새 새벽 알람 소리에 눈이 떠졌다. 익숙하지 않던 시간에 잠을 자려고 하니 제대로 잠을 못 자 한동안 새벽에 일어나서는 비몽사몽이 되었다. 졸음이 계속 밀려왔지만, 새벽에 계획한 일을 하나둘씩 실천하면서 졸음을 이겨내고 일과를 마치면서 조금씩 수면 사이클을 습관화시켰다. 그렇게 한 달 정도 지나니 새벽에 일어나는 것이 익숙해지기 시작했다. 수면 사이클이 몸에 적응되어 습관화되어가니 간혹 발생하는 야근으로 늦게 잠이 들어도 새벽에 자연스럽게 눈이 떠졌다.

나의 경우는 한꺼번에 시도하여 급격하게 수면 사이클을 변경했지만, 수면 사이클을 한 번에 하기 어렵다면 차근차근 변경해가는 방법도 좋다. 만약 기상 목표 시간은 5시인데 평소 1시에 잠이 들어 7시에 일어난다면 다음날부터 10분씩 줄여가는 방법으로 실천하면 된다. 그렇게 줄여나가면서 2주 정도 지나면 11시에 잠이 들어 5시에 일어날 수 있다. 새벽 기상은 몇 시에 일어나는 것이 중요한 것이 아니라 몇 시에 자는 게 중요하다. 앞서 얘기했듯이 하지 말아야 하는 건 수면시간을 줄여가면서 새벽에 일어나는 것이다. 그것은 건강만 나빠질 뿐 새벽 기상을 오랫동안 유지할 수 없게 만든다.

직장을 다니면 아무래도 낮보다는 저녁에 약속이 많을 것이다. 직장 동료나 지인과의 약속으로 인해 저녁을 먹고 술이라도 한잔하게 되면 자연스럽게 늦게 귀가하게 된다. 집에 늦게 들어오니 잠자는 시간도 늦어지게 된다. 늦은 시간 잠이 들어 새벽에 일어나는 것이 어쩌다 한 번이면 모를까 매일 하는 건 거의 불가능하다고 생각한다. 만약, 꾸준하게 새벽 기상을 하고 싶다면 수면시간을 충분히 확보한 취침 시간대로 정해야 한다. 저녁 일정이 많아 이른 시간에 잠을 잘 수 없다면 꼭 필요한 일정인지 다시 한번 살펴보며 줄여나가야 한다. 개인적으로 11시 전에는 잠을 자는 것을 추천한다. 그래야 건강을 잃지 않고 꾸준하게 새벽 기상을 할 수 있다고 생각한다. 한 가지 분명한 건 '일찍 자야 일찍 일어날 수 있다.' 이 말은 꼭 기억하길 바란다.

기상 시간, 명확하게 정해라

새벽 기상을 오랜 시간 지속하고 싶다면 규칙적이고 명확한 기상 시간을 정해야 한다. 사람은 늘 편한 것을 찾는 동물이다. 편한 것을 찾으려는 습성 때문에 기상 시간이 불규칙하면 점점 늦게 일어나려고 한다. 늦게 일어나면 자연스럽게 늦게 잠이 드는 악순환이 반복되어 새벽 기상이 오래 가지 못한다. 항상 같은 시간에 일어나야 새벽에 할 일들을 계획할 수 있고, 계획한 일들을 실천하면서 자연스럽게 몸에 배어야 새벽 기상이 습관으로 만들어진다. 새벽 기상이 습관이 되기 위해서는 기상 시간을 일정하게 맞춰야 한다.

처음부터 새벽에 일찍 일어나는 것이 익숙한 사람은 아마도 없을 것이다. 나도 이제야 조금 익숙해지고 있지만 아침형 인간, 미라클 모닝

등의 바람이 불 때마다 수많은 시도를 했고 실패를 맛봤다. 자기 계발에 관심이 많고 성장하고 싶다는 욕심이 많았던 나는 주변의 이야기를 들으면 한번은 해보려고 노력했다.

처음 새벽 기상을 도전했을 때였다. 당시에는 아침형 인간이 유행이어서 아침형 인간이 되지 않으면 꼭 실패한 인생을 사는 것처럼 느껴졌다. 당장 내일부터 시작하자고 생각하며 의욕과 열정으로 새벽 알람 소리에 번쩍 눈을 떴다. 눈을 뜨고 몸을 일으켜 벌떡 일어났지만, 막상 일어나니 뭘 해야 할지 아무것도 떠오르는 게 없었다. 책상에 앉아 한동안 멍하니 정면만 바라보며 '새벽 일찍 일어나긴 했는데 이제 뭘 하지?'라는 생각만 계속 들었다. 그렇게 시간이 점점 흐를수록 '왜 새벽에 일어났지?', '새벽에 일어나는 게 뭐가 좋은 거지?' 하는 부정적인 생각으로 채워져 갔다. 결국, 이렇게 멍하게 있을 바에는 다시 잠을 자는 게 현명한 행동이라고 자기 위안을 삼으며 다시 잠을 잤다. 그렇게 나의 첫 새벽 기상 도전은 허무하게 끝났다.

두 번째는 인생의 커다란 전환점을 맞이했을 때였다. 운동하다 몸을 다쳐 병원에 입원하게 되었는데 몸을 내 마음대로 움직일 수가 없으니 할 수 있는 게 없어 그저 누워만 있었다. 가만히 누워만 있으니 이런저런 생각이 들었고 수많은 생각의 끝이 내 미래에 대한 걱정으로 이어졌다. 그러다 문득 '내가 이러다 죽으면 가족들은 어떡하지?'라는 생각이 들면서 불안해지기 시작했다. '아직 애들도 어린데 아내 혼자 애들을 감당하기엔 내가 너무 무책임하구나'하는 생각과 함께 지금과는 다른 변화가 필요하다는 생각이 강하게 들었다. 퇴원과 동시에 독서를 시작하며 새벽 기상을 다시 도전했다. 변화에 대한 간절함 덕분이었는지 두 달 넘게 새벽 기상이 이어졌다. 그러나 내 미래를 위해 시작한 새벽 기상이 절실함에 무리를 한 건지 시간이 흐르면서 건강이 나빠졌다. 일단, 건강부터 챙겨야겠다고 생각하며 약간 느슨해지니 예전에 하던 나쁜 습관이 스멀스멀 피어오르기 시작했다. 그 뒤로 얼마 못 가 처음 가졌던 의지는 사라지고 다시 예전의 생활 방식으로 돌아가고 말았다. 처음 시도했을 때보다는 길었지만 나의 두 번째 새벽 기상 도전도 이렇게 실패로 돌아갔다.

세 번째이자 현재까지도 진행 중인 새벽 기상은 지금 2년 가까이 되었다. 첫 번째와 두 번째와는 확실히 시작이 달랐다. 가장 먼저 기상 시간을 확실히 했다. 그리고 주말도 예외로 두지 않았다. 지난 두 번의 실패를 돌아보니 습관이 만들어지기 전에 예외 사항이라는 여지를 둔 게 조금만 힘들거나 귀찮아지면 '이번엔 예외'라는 핑계로 자기 합리화를 하며 넘겨버린 행동이 새벽 기상을 실패한 가장 큰 이유라는 생각이 들었다. 그래서 이번엔 습관이 만들어질 때까지는 예외를 두지 않기로 했다. 새벽 기상을 지키기 위해서는 잠자리에 드는 시간이 중요하다. 새벽 4시를 목표로 6시간 수면시간을 계산하여 밤 10시에 잠자는 것으로 정했다. 가끔 발생하는 저녁 술자리가 위험한 고비였는데 명확하게 취침 시간과 기상 시간을 정해놓으니 마지못해 수락했던 이전과는 달리 다음으로 미루거나 아예 참석하지 않게 되었다. 야근이 있을 때도 기상 시간을 고려하여 다음 날 해도 되는 건 불필요하게 밤늦게까지 남아 일하지 않고 퇴근했다. 또한, 집에 들어와서도 몸이 피곤하다고 하면서도 늦은 시간까지 TV 보던 습관들도 다음 날 새벽 기상을 위해 꼭 봐야 할 프로그램이 아니면 거의 안 봤다.

이렇게 나의 새벽 기상은 여러 번의 시도 끝에 조금씩 자리가 잡혀가고 있다. 새벽 기상이 자리잡을 수 있게 한 것 중 하나가 명확한 기상 시간이라고 생각한다. 명확하게 시간을 정하고 늘 그 시간을 머릿속에 담아두며 생활하니 불필요한 일들이 자연스레 제거되면서 꾸준하게 새벽 기상이 가능해졌다.

명확한 목표가 없으면 실천하는 데 어려움이 많다. 막연한 목표는 목표라고 하기보다 꿈에 가깝다. 목표가 명확할수록 실천하는 데 걸림돌이 적어지며 달성할 가능성도 커진다. 목표가 불확실하면 자기 합리화를 하며 쉽게 포기하게 된다. 막연하게 '내일부터 새벽 일찍 일어나자'라고 목표를 세우면 '새벽 일찍'이 언제를 말하는 건지 기준이 모호해진다. 생활 방식에 따라 4시가 될 수도 있고 5시, 6시, 7시가 될 수도 있다. 모호한 기준으로 눈이 떠지더라도 오늘은 조금 더 있다가 일어나자는 생각이 먼저 들게 된다. 그 생각으로 인해 다시 잠이 들고 결국엔 다시 예전으로 돌아가게 만든다. 또한, 기상 시간이 불규칙하면 새벽 시간을 활용하는 데 어려움이 생긴다. 계획한 일을 꾸준히 하고 싶어도 불규칙한 기상으로 건너뛰는 경우가 생기기 때문에 한번 두번 건너뛰다 보면 결국 흐지부지 끝나게 된다. 그러나 기상 시간을 명확하게 정하고 새벽 기상을 실천한다면 제일 먼저 의식이 변화가 일어난다. 머릿속에서 내일 아침에 몇 시에 일어나야 한다는 생각이 계속 맴돈다. 그 생각이 몇 시에 잠이 들어야 하니 저녁엔 몇 시에는 하루를 마무리하고 잠자리에 들어야겠다는 생각으로 이어지며 행동으로 나타난다. 새벽에 일어나는 것 또한 밤새 의식이 목표한 시간에 기상하라고 알려주어 자연스럽게 눈이 떠진다. 결국, 명확한 기상 시간이 나의 의식 변화를 일으키고 의식의 변화가 행동으로 이어지면서 자연스러운 새벽 기상을 습관화할 수 있다. 명확한 기상 시간을 정한다고 처음부터 너무 무리하게 이른 시간을 정하고 실천하려고 해서도 안 된다. 우리의 뇌는 평소와는 다른 게 갑자기 발생하면 보호하려고 하는 기능이 작동한다. 예를 들어, 평소에 8시에 기상하던 사람이 다음날부터 4시에 기상하려고 하면 뇌는 더 자라는 신호를 강하게 보낼 것이다. 처음 몇 번은 그것을 극복하며 일어날 수 있지만, 결국엔 다시 예전으로 돌아갈 확률이 상당히 높아진다.

'가랑비에 옷 젖는다'라는 말처럼 한꺼번에 변화를 일으키는 것이 아니라 뇌가 인지하지 못하도록 서서히 시간을 줄이는 방법이 가장 효과적이다. 만약 평소에 아침 8시 기상을 했는데 새벽 4시가 목표라면 매일 10~30분씩 줄이는 것이다. 이렇게 하면 최소 2주에서 한 달이면 목표한 시간에 기상하는 데 큰 무리가 없다. 아마도 그때가 되면 이미 습관이 형성되고 있을 것이다.

어렵다고 생각하면 한없이 어려운 것이 새벽 기상이다. 할 수 있다는 생각으로 도전한다면 충분히 새벽을 정복할 수 있다. 명확한 목표가 명확한 성과를 만들 듯, 취침 시간과 기상 시간을 명확히 하면 할수록 새벽 기상을 꾸준히 하며 생산적인 삶을 만드는 데 가까워질 것이다.

잠들기 30분 전, 스마트폰과 떨어져라

수면시간만큼 중요한 것이 숙면이다. 많이 잔다고 몸과 뇌가 회복되지 않는다. 잠을 자는 동안 얼마나 편안하게 숙면했느냐에 따라 몸과 뇌의 회복량이 달라진다. 잠이 보약이라는 말처럼 수면은 우리의 건강과 직결되어 있다. 그러나 현대사회를 살아가는 우리는 잠을 방해하는 요소들이 너무 많은 시대에 살고 있다. 새벽까지 문을 열고 장사를 하는 음식점이나 술집들, TV, 인터넷, 컴퓨터 그리고 가장 우리 몸에 밀착되어 있으면서 24시간 연결된 스마트폰 등 잠을 방해하는 수많은 요소가 존재한다. 충분한 수면시간을 확보하면서 새벽 기상을 위해서는 잠들기 전 행동이 중요하다. 잠을 방해하는 요소들을 미리 제거해야 편안한 숙면을 할 수 있다.

우선 수면을 방해하는 외부 요인에는 어떤 게 있는지 살펴보자.

첫째, 늦게까지 이어지는 식사 자리나 술자리다. 앞에서 식당이나 술집이라고 이야기했지만, 식사나 술자리가 생기는 약속이 정확한 표현일 것이다. 식당이나 술집은 보통 혼자서는 가는 게 쉽지 않다. 그럼 불필요하게 식사나 술을 권하는 일행이 없다면, 이런 유혹에 빠지지 않을 확률이 높다는 이야기가 된다. 불필요한 약속은 최대한 미루거나 취소한다면, 일단 하나의 방해 요인은 제거된다.

둘째, 습관적으로 하는 무의미한 TV 시청이다. 집에 들어오면 습관적으로 TV부터 켜는 사람들이 의외로 많다. 특히, 혼자 사는 사람일수록 집에 들어왔을 때의 공허함에 뭔가 소리라도 나야 그나마 위로가 된다며 들어오자마자 TV부터 켠다. 문제는 공허함을 달래기 위해 켠 텔레비전을 아무 생각 없이 오랜 시간 시청하는 것이다. 요즘은 영화나 드라마, 스포츠, 뉴스 등을 24시간 계속 방송해주는 채널이 있어 한 번 빠져들면 시간 가는 줄 모르고 TV를 보게 된다. 밤늦은 시간까지 TV를 보다 TV가 켜진 채로 잠이 드는 경우가 많았을 것이다. 가장 좋은 방법은 TV를 없애는 것이겠지만, 그게 힘들다면 되도록 TV는 필요한 프로그램만 시청하는 게 좋다.

셋째, 오랜 시간 컴퓨터나 모바일로 게임을 하는 경우이다. TV보다는 덜하겠지만 게임도 한번 빠지면 쉽게 멈추지 못한다. 기분 전환이나 복잡한 머릿속을 정리하기 위해 잠깐 하는 게임은 일상생활에 활력을 불어넣는 역할을 한다. 그러나, 과도하게 몰입하여 시간이 얼마나 흘렀는지도 모르게 게임 하는 것은 신체적인 면이나 정신적인 면에서도 상당히 안 좋은 영향을 미친다. 타이머를 맞추고 알람이 울리면 곧바로 종료하는 습관이 필요하다. 만약, 그럴 자신이 없다면 처음부터 시작하지 않는 것을 권장한다.

넷째, 과도하게 스마트폰을 사용하는 것이다. 스마트폰이 우리 생활에 많은 도움을 주고 있다는 건 누구도 부인할 수 없다. 그러나, 뭐든 과하면 그 부작용이 있듯이 스마트폰 역시 부작용들이 많이 나타나고 있다. 그중에 가장 대표적인 것이 수면을 방해하는 것이다. 특히, 스마트폰을 몸에서 떼지 못하고 항상 휴대하고 생활하는 사람들이 많아지면서 잠들기 직전까지 스마트폰을 손에서 떼지 못한다. 주변을 보면 스마트폰을 손에 쥔 채로 잠드는 사람들이 엄청 많다. 이유를 물어보면 잠이 오지 않아서 스마트폰을 보다 잠든다는 답변이 많다. 잠이 오지 않는다는 이유로 잠을 방해하는 행동을 하고 있다는 게 아이러니했다. 앞에서 이야기한 3가지보다 더 주의를 기울여야 한다.

이외에도 수면을 방해하는 요소들은 수없이 많이 있다. 그중에 개인적으로 가장 크게 영향을 미친다고 생각하는 것만 이야기한 것이다. 분명 잠을 편안하게 자고 일어난 다음 날에는 몸에 힘도 넘쳐나고 기분도 좋아진다. 이런 날들이 매일 반복된다고 생각하면 기분이 어떻겠는가? 그날의 컨디션은 전날 잠을 어떻게 잤느냐에 따라 달라지니 편안한 숙면을 위해서라도 수면을 방해하는 행동들은 최대한 금지해야 한다.

앞서 언급한 수면을 방해하는 요소의 총집합체는 아마도 스마트폰이 아닐까 생각한다. 요즘은 스마트폰으로 TV도 보고, 게임도 하고, 인터넷도 하고, 동영상도 시청할 수 있으니 말이다. 이런 편리한 기능이 많아지면 많아질수록 사람들은 스마트폰을 손에서 더욱 떨어뜨리지 못하게 된다.

스마트폰에 의지를 많이 하는 사람일수록 수면 부족에 시달린다는 데 있다. 수면이 부족하면 나타나는 현상에 대해서는 앞서 이야기한 적이 있다. 특히, 잠들기 전 침대에 누워 사용하는 것이 수면 부족의 가장 큰 원인이다. 불을 다 끄고 잠자리에 누워 어두운 곳에서 스마트폰의 불빛을 가까이 보게 되면 숙면하게 만드는 멜라토닌의 분비량이 현저하게 줄어들어 밤새 편안하게 잠을 이룰 수 없게 된다. 만약, 잠이 오지 않는다면 누운 상태에서 스마트폰을 보지 말고 차라리 책을 읽거나 조용한 음악을 듣는 게 잠자는 데 훨씬 더 도움이 된다. 등의 밝기는 형광의 강한 빛 보다 주광색의 은은한 빛이 좋다. 이때, 스마트폰의 전자책을 읽는 행위는 크게 도움이 되지 않으니 종이로 된 책을 읽거나 조용한 음악으로 몸과 마음을 편안하게 만들어주면 자신도 모르게 잠이 들 것이다.

스마트폰은 우리에게 아주 유용한 도구이다. 그러나 스마트폰이 우리의 생활에 미치는 부작용 등을 생각하면 조심해야 할 부분이 많이 있다. 스마트폰을 무분별하게 사용하게 되면 자신도 모르게 스마트폰에 의지하게 되어 마약에 중독되는 사람처럼 스마트폰에 서서히 중독된다. 스마트폰에 중독되어 손에서 떨어뜨리지 못하고 온종일 스마트폰만 보고 있으면 자신도 모르게 점점 건강을 잃어가고, 폭력적인 사람으로 변하게 될 수 있다. 스마트폰이 편리하다는 것은 누구나 부인할 수 없지만, 편리한 만큼 현명하게 활용하는 지혜도 필요하다. 특히, 수면을 방해하는 가장 큰 요인으로 최소 잠들기 30분 전에는 스마트폰과 떨어져 있어야 편안하게 숙면을 할 수 있다. 가장 좋은 방법은 방에 스마트폰을 가지고 들어가지 않는 게 좋지만, 그게 어려운 상황이라면 방에 들어가면서 스마트폰을 꺼두는 것도 하나의 방법이다. 알람을 위해 스마트폰을 사용하는 사람이 있는데, 차라리 알람 시계를 사서 두는 걸 권장한다. 충분한 시간을 편안하게 잠을 자야 우리의 신체도 휴식을 취할 수 있어 새벽 기상 후 활동에 지장이 없다. 만약, 삶의 변화를 위해 새벽 기상을 다짐했다면 가장 먼저 해야 할 행동은 잠들기 최소 30분 전에는 스마트폰을 멀리해야 한다.

일어나서 할 일을 미리 리마인드해라

보통 리마인드를 어느 때 하는지 생각해보자. 일반적으로 무언가 목표하는 바가 있다면 해야 할 일들을 머릿속에서 열심히 고민하며 계획한다. 그리고 열심히 고민한 것을 계획만 한 채로 그대로 두면 몇 시간 아니 몇 분만 지나도 일부는 머릿속에서 사라져버리는 경우가 많다. 때로는 생각한 것을 잊지 않으려고 메모장에 기록하기도 한다. 심하게 과장하여 이야기하는 것일 수 있지만, 심지어는 자신이 메모장에 기록한 사실마저 잊어버리는 경우가 있다. 그런데 계획했던 일을 수시로 떠올리며 리마인드하면 그 일은 잘 안 잊어버린다.

프로젝트가 시작되면 제일 먼저 "프로젝트 수행 계획서"라는 문서를 만든다. 프로젝트 수행 계획서에는 이번 프로젝트에 주요 요구사항은 어떤 것이 있으며, 요구사항을 어떻게 수행할 것이며, 수행하기 위한 일정과 투입하는 인원 등에 대한 계획을 작성한다. 프로젝트 수행 계획서를 만들고 나면 본격적인 프로젝트가 진행된다. 프로젝트 수행 계획서에 담은 내용은 프로젝트를 수행하기 위한 커다란 뼈대가 된다. 가끔 이런 말을 하는 사람이 있다.

"프로젝트 수행 계획서는 말 그대로 계획이라 진행하면서 자주 변경되니 너무 고민하지 말고 대충 작성해서 제출해요."

예상치 못한 상황에 계획서가 변경되기도 하니 이런 말을 하는 게 한편으로는 이해가 된다. 그러나, 계획은 일을 올바른 방향으로 나아가기 위한 나침반과 같은 역할을 한다. 앞에서도 말했듯이 프로젝트 수행 계획서는 프로젝트가 올바른 방향으로 나침반이며, 커다란 뼈대이다. 이 뼈대와 같은 역할을 하는 계획서를 대충 작성하라는 말은 프로젝트를 대충하라는 말로 들리기도 한다. 세상에 완벽한 계획은 없다. 프로젝트를 진행하면서 계획과 다르게 진행되는 경우가 수없이 발생한다. 그럴 때마다 살이 더 붙거나 뺄 수는 있겠지만 뼈대가 약하면 무너지게 된다.

프로젝트를 수행하는 팀원들은 자신이 맡은 일에 몰두하다 보면 가끔 프로젝트 진행 중 수행계획 일정에 맞춰 꼭 해야 하는 일임에도 불구하고 잊고 있을 때가 있다. 이를 방지하기 위해 프로젝트 수행 관리자는 담당자에게 메일이나 문자, 메신저 등을 통해 수시로 리마인드 시킨다. 리마인드 알림을 자주 받는 담당자로서는 스팸처럼 느껴지겠지만, 리마인드 알림을 통해 어느 순간 자신도 모르게 자신이 해야 할 일을 머릿속에 떠올리며 일정에 늦지 않게 일을 처리하기도 한다.

프로젝트 전체를 바라보면 리마인드 하는 일은 계획에도 존재하지 않는 작은 일이지만, 프로젝트의 성공과 실패를 결정지을 수 있을 정도로 커다란 영향력을 가지고 있다. 스스로가 목표하는 커다랗고 기나긴 인생의 계획을 수행하는 과정에서도 수시로 리마인드하며 올바른 방향으로 가고 있는가를 체크 할 필요가 있다.

어릴 적 나는 소풍 날이 되면 늘 설렜다. 특별한 것도 아니었는데 이상하게 마음이 들떴다. 그 당시 소풍은 지금처럼 버스나 기차, 비행기 등을 타고 먼 지역으로 이동하여 명소를 둘러보며 며칠 동안 여행을 하는 것이 아니었다. 학교에서 그리 멀지 않은 장소로 걸어가 장기자랑, 보물찾기 등을 하고 점심 도시락으로 싸 온 김밥을 먹고 다시 학교로 돌아오는 것이 전부였다. 아마도 일상을 벗어나 어딘가 새롭고 낯선 장소를 친구들과 함께 간다는 그 자체만으로 즐거웠던 것 같다.

소풍 전날은 모든 수업이 끝나면 학교에서 곧장 집에 돌아와 소풍 가는 동안 먹을 과자나 음료, 친구들과 함께 나눠 먹을 음식, 선생님이 가지고 오라는 준비물 등을 가방에 챙겨 넣었다. 그리고, 가방 속 음식을 하나씩 떠올리며 '음료수는 언제쯤 먹어야지', '과자는 친구 K랑 먹어야지', '점심에 김밥은 H랑 먹어야지'하는 생각을 하곤 했다. 반 장기자랑 때 보여줄 단체 공연 몸동작을 하나씩 다시 떠올리기도 하고, 보물을 제일 먼저 찾겠다며 숨길만 한 장소를 늦은 밤까지 생각하다가 잠이 들었다. 소풍 간다는 즐거움이었을까? 평소 학교에 가는 날보다 훨씬 늦게 잠이 들었음에도 해가 뜨기도 전에 일찍 눈이 떠졌다. 보통 학교에 가야 하는 날은 조금만 더 자려고 버티다 어머니한테 자주 혼이 나곤 했는데 소풍 가는 날은 꼭두새벽부터 깨어있는 나를 보시며 깜짝 놀라시곤 했었다.

자신이 좋아하는 걸 할 때는 누가 시키지 않아도 저절로 몸이 먼저 움직인다. 직장인들에게 새벽 기상은 잠들어 있던 시간을 새롭게 만들어내는 것이다. 먹고 살기 위해 힘들게 직장을 다니느라 그동안 마음속 어딘가에 묻어만 두었던 하고 싶은 일들을 꺼내어 새롭게 만들어 낸 새벽 시간에 실천해보자. 내가 어릴 적 소풍 가는 게 즐거워 새벽에 눈이 떠지고 벌떡 일어났듯이 하고 싶은 일을 할 수 있다는 즐거움이 알람이 울리기도 전에 눈을 뜨게 만들 것이다.

프랑스의 유명한 작가이자 정치인인 빅토르 위고는 "매일 아침 일과를 계획하고 그 계획을 실행하는 사람은, 극도로 바쁜 미로 같은 삶 속에서 그를 안내할 한 올의 실을 지니고 있는 것이다. 그러나 계획이 서

있지 않고 단순히 우발적으로 시간을 사용하게 된다면, 곧 무너질 삶을 지배할 것이다."라고 했다.

아침에 그날의 할 일을 계획하는 것에 따라 하루가 달라진다. 하루를 잘 보내기 위해 아침의 계획이 필요하다면 아침을 잘 보내기 위해선 일어나서 할 일을 계획하는 것이 필요하다.

나는 전날 밤 잠자리에 들어가기 전 다음 날 새벽에 할 일을 생각한다. 나의 새벽 시간은 앞서 이야기했듯이 늘 비슷하게 반복한다. 그러나 그 반복적인 생활 속에서 항상 똑같은 패턴이 아닌 새롭거나 다르게 보내야 루틴이 지루해지지 않는다. 예를 들어, 기상 후 스트레칭과 관련해서는 '한동안 이런 자세로 했으니 내일은 좀 다른 자세로 몸을 풀어보자', 조깅은 코스나 달리는 자세를 떠올리며 '오늘 괜찮은 코스를 발견했으니 내일은 그쪽으로 가보자', SNS에 올리는 글에 대해서는 'SNS에 좀 더 색다르게 올리는 방법을 찾아보자', 독서 시간을 좀 더 재미있게 보내기 위해서 '전에 흥미로운 책을 발견해 사둔 책을 내일 탐독해보자'와 같이 어쩌면 반복적인 일상이 되어 자칫 지루하게 만들어질 수 있는 시간을 자신이 좋아하는 것으로 채우고 미리 리마인드 함으로써 더 활기차게 만들어준다.

잠을 자는 동안 우리의 뇌는 하루 동안 보고, 듣고, 생각했던 것들이 단기, 장기기억 등으로 저장하며 기억을 정리한다. 그리고 다음 날 받아들일 정보의 우선순위를 준비한다. 전날 잠들기 전에 '내일 일어나서

할 일이 무엇인가?'를 떠올리면 뇌는 그것을 빠르게 받아들이기 위해 깊은 곳에 저장된 기억 속에서 관련된 기억을 찾아 꺼내어 놓는다.

　많은 사람이 평소에도 꼭 해야 하는 일은 잊지 않으려고 수시로 리마인드 한다. 매일 새벽 꼭 해야 하는 일은 아닐 수 있겠지만 자신의 미래를 위해 새벽 기상을 선택했다면, 힘겹게 일어난 시간을 알차게 보내기 위해서라도 전날 잠들기 전 새벽에 하려고 계획한 일을 한 번은 꼭 리마인드 하길 바란다. 더 나아가 의무감으로 하는 일이 아닌 자신이 진정으로 원했던 일들을 떠올리며 잠이 든다면 알람이 울리기도 전에 눈이 먼저 떠지는 경험을 하게 될 것이다.

기상 직후 스트레칭이 뇌를 각성시킨다

'아침에 눈을 뜨면 가장 먼저 무엇을 하는가?'

아마도 많은 사람이 자연스럽게 눈이 떠진 게 아니고 알람 소리에 억지로 잠에서 깨어났다면 자신도 모르게 알람을 끄고 다시 잠을 자거나 '일어나야 하는데'라고 생각하며 잠과 사투를 벌일 것이다. 예전의 나도 알람 소리에 잠이 깨면 눈을 뜨고 시간을 확인하고는 '아직 시간이 남았으니 조금만 더 자자'라고 생각하며 다시 잠드는 경우가 다반사였다. 그러나 새벽에 일어나기 시작하면서 새벽잠의 유혹을 이겨내고 자연스럽게 일어나게 해준 게 있다. 바로 일어나자마자 하는 스트레칭이었다. 별거 아니라고 생각할 수 있지만 아침에 일어나자마자 하는 가벼운 스트레칭이 주는 효과는 생각보다 크다.

처음 사회생활을 시작했을 때 열심히 일하고 공부해서 빨리 성공하고 싶다는 일념 하나로 회사에서 먹고 자고 하던 시절이 있었다. 직장인들의 일상적인 일과는 아침 9시부터 저녁 6시까지는 일하고 퇴근하거나 야근이 있으면 저녁을 먹고 사무실로 돌아와 밤 9~10시까지 일하는 게 보통일 것이다. 그러나 나는 업무시간이 끝나면 사무실에 홀로 남아 새벽 4~5시까지 공부하다가 그대로 책상에 엎드리거나 의자에 몸을 기댄 채 잠을 자며 보냈다. 그 당시 내가 사는 곳은 경기도 평택이었고 회사는 강남에 있었다. 자취하는 건 어려운 상황이었고, 자가용도 없어 대중교통으로 출퇴근해야만 했다. 지금은 평택까지 연결된 지하철이 있지만, 그때는 지하철도 없어 평택에서 시외버스를 타고 서울 시외버스 터미널에 도착해 지하철을 이용하여 회사까지 가는 노선만이 유일한 출퇴근 방법이었다. 출근 시간만 2시간 30분이 걸렸다. 출퇴근을 합하면 5시간을 길에서 버려야 했던 나는 그 시간이 너무 아까웠다. 그래서 월요일에 출근할 때 사무실에서 갈아입을 옷가지를 싸 들고 출근하여 주말에 퇴근할 때 짐을 가지고 집에 갔다. 한마디로 월요일 오전 출근 토요일 오후 퇴근(당시에는 토요일 오전까지 근무했다)이 나의 일상이었다. 매일 사무실에 앉아 일하고 운동도 안 하면서 늦은 시간에 야식을 먹어가며 종일 사무실에 있다 보니 체중이 급격하게 늘어났다. 체중 감량을 위해 운동 한답시고 회사 근처에 있는 스쿼시를 배우러 갔다. 운동을 배운 지 며칠 되지도 않았는데 욕심은 많아 무리한 동작을 하다가 허리를 살짝 다치면서 운동도 못했다. 결국, 급격히 불어난 체중으로 계속 사무실 책상에만 앉아 일과 공부를 병행하다 보니 급기야는 허리디스크 진단까지 받게 되었다.

20대와 30대 초반 시절엔 잘 몰랐는데, 30대 후반에 들어서면서 자고 일어나면 허리가 뻣뻣해지는 증상이 나타났다. 처음에는 잠을 자는 동안 뒤척임이 심하고 잠자는 자세가 너무 안 좋아 그런 거로 생각하며 별일 아니겠지 했다. 그런데 시간이 지나도 증상은 계속되고 통증은 점점 늘어났다. 심할 때는 아침에 일어나지 못할 정도였다. 병원에 가서 물리치료, 침 치료, 도수치료 등을 받아도 그때뿐이었다. 허리에 좋다는 음식이나 약을 먹어도 큰 진전이 없었다. 잠자고 눈을 뜨면 항상 통증으로 일어나기 싫었다. 그런데 그런 통증을 완전이라고 말하긴 어렵지만, 상당히 호전시킨 것이 바로 스트레칭이었다. 예전엔 스트레칭은 일어서서 해야 한다고만 생각했다. 그래서 일어나는 자체가 고통스러웠던 나는 스트레칭을 생각해본 적이 없었다. 그러다 우연히 TV에서 한 연예인이 자고 일어나 누운 상태로 스트레칭을 하는 장면을 보고 나도 한번 따라 해봤다.

"유레카!"

침대에서 일어나는 게 이전보다 훨씬 편해지기 시작했다. 당시에 연예인이 했던 작은 행동이 나에게는 신세계를 열어주는 효과를 주었다. 통증이 완전히 사라진 건 아니지만 통증이 많이 줄어드니 아침마다 힘들게 일어나야 하는 고통에서 벗어났다.

지금은 새벽에 눈 뜨자마자 제일 먼저 하는 게 스트레칭이다. 내가 잠자고 일어나 누운 자세에서 하는 스트레칭 동작은 다음과 같다.

첫 번째, 누워있는 상태에서 제일 먼저 덮고 있던 이불을 옆으로 걷고 팔을 위로 향하게 한 뒤 다리는 아래로 향하게 하여 위아래로 최대한 밀어낸다는 생각으로 쭉 뻗는다.

두 번째, 한쪽 다리를 무릎 굽힌 듯 올린 뒤 두 손으로 잡고 최대한 몸의 중심으로 약 5~10초 동안 당긴다. 한쪽이 끝나면 나머지 다리도 같은 자세로 만들어 진행한다.

세 번째, 두 다리를 무릎 굽힌 듯 올린 뒤 두 손으로 잡고 최대한 몸 안쪽으로 5~10초 동안 당긴다. 무릎이 배에 거의 닿아 있는 자세이다.

네 번째, 양팔을 벌리고 한쪽 다리는 반대쪽 다리를 넘겨서 넘긴 다리의 방향과 상체를 상반된 방향으로 5~10초 동안 튼다. 한쪽이 끝나면 나머지 반대쪽도 같은 자세로 만들어 진행한다. (옆에 사람이 있다면 다리 동작만 하는데 넘기는 다리는 굽혀도 된다.)

다섯 번째, 한쪽 다리는 위로 굽히고 반대쪽 다리는 굽힌 다리 위로 올린다. 그럼 올린 다리 사이에 공간이 있는데 그 사이로 팔 한쪽으로 넣고 나머지 팔은 위로 굽힌 다리 옆으로 해서 두 팔을 뻗어 손으로 깍지를 낀다. 그리고 최대한 몸 안쪽으로 5~10초 동안 당긴다. 한쪽이 끝나면 나머지 반대쪽도 같은 자세로 만들어 진행한다.

여섯 번째, 양팔을 하늘로 향해 쭉 뻗어(누워있는 상태이기에 앞으로 나란히가 될 것이다) 손목을 왼손은 시계방향, 오른손은 시계 반대 방향으로 5~10초 동안 돌린다.

여섯 가지 스트레칭 동작을 하고 일어나면 몸이 상당히 가벼운 느낌이 든다. 가끔 새벽에 일어나야 해서 눈을 떴는데 졸음이 계속 올 때가 있다. 이때도 마찬가지로 스트레칭을 하면 일차적으로 오는 졸음이 사라진다. 내가 하는 스트레칭 동작 대부분이 정형외과에서 권장하는 허리에 좋은 운동을 간편하게 변형한 것이다. 정형외과에서 권장하는 동작은 한 동작을 하는데 최소 20~30초 동안 유지하고 2~3세트 이상 하는 거지만 나는 새벽에 눈 뜨자마자 운동하려는 게 목적이 아닌 잠자는 동안 굳어진 몸을 푸는 정도의 가벼운 동작을 하려고 한 거라 간편하게 바꾼 것이다. 또한, 정형외과에서 권장하는 방식을 다 하려면 1시간 이상 걸리는데 가볍게 몸 푸는 게 목적이라 나는 그렇게 많은 시간을 사용하는 게 비효율적이라고 생각했다. 몸 건강을 위해 운동을 하려는 분들은 허리에 좋은 운동을 찾아보면 많은 동작이 있으니 그걸 참고해서 실천하면 된다.

새벽에 눈 뜨자마자 스트레칭을 하면 우선 몸이 가벼워지고 머리가 맑아지면서 일어나려는 마음이 생긴다. 아마도 새벽 이른 시간에 알람이 울리면 잠깐 눈을 뜨고 시간을 확인하고는 다시 자고 싶은 마음에 일어나려는 걸 수없이 망설일 것이다. 그때 잠과 타협하려 하지 말고 곧바로 이불을 걷어차고 스트레칭 동작을 하면 뇌가 서서히 잠에서 깨어날 것이다. 눈을 뜨기 힘들면 눈을 감고 해도 된다. 단, 스트레칭이 끝나기 전에 눈을 뜨고 일어나지 않으면 다시 잠에 빠질 수 있으니 유의해야 한다. 나는 허리의 통증을 줄이고자 시작했지만, 잠에서 깨자마자 스트레칭을 하며 몸을 움직이면 '이제 활동하는 시간이구나' 하며 뇌가 깨어난다. 몸과 뇌가 깨어나면 계획했던 일을 시작해보자. 아마도 이전과는 다른 새로운 하루를 느낄 수 있을 것이다. 삶의 변화를 위해 새벽 기상을 선택했지만, 새벽잠에서 깨기 어렵다면 스트레칭을 해보는 걸 추천한다. 그러면 몸과 마음이 달라지는 게 확연히 느껴질 것이다.

필사로 잠을 떨쳐버려라

'독서를 하면서 한 번이라도 책 한 권을 필사해본 경험이 있는가?'

책을 많이 읽는 사람도 필사는 할 엄두조차 내지 못하는 경우가 많다. 그만큼 필사는 쉽게 접근하기 어렵다. 조정래 작가는 책을 백번 읽는 것보다 한번 베껴 쓰며 읽는 것이 효과가 있다고 한다. 아들과 며느리에게까지 자신의 저서인 태백산맥을 베껴 쓰게 할 정도다. 물론 아들과 며느리에게 베껴 쓰게 한 목적은 '성실하게 노력하라', '꾸준하게 노력하라'라는 것을 알려주려고 했던 것이라고는 하나, 필사하면 책을 좀 더 집중해서 읽게 되어 내용을 이해하는데 상당한 효과가 있다. 나 역시 새벽 독서를 시작하면서 본격적으로 필사하기 시작했다. 새벽 시간에 필사하는 것만으로도 2년에 가까운 시간 동안 20여 권의 책을 필사했고, 지금도 매일 꾸준히 필사하고 있다.

처음 필사를 한 건 고전인 《논어》였다. 그때는 필사하려면 유명한 책으로 하는 거로 생각해 유명한 책 중의 하나인 《논어》를 골랐다. 그리고, 필사는 손으로 쓰는 것이 당연한 진리라고 생각했다. 그래서, 새벽에 일어나 세수하고 《논어》와 공책을 펼치고, 하루에 한 장 정도를 필사하기 시작했다. 처음에는 한자를 한 글자씩 베껴 쓰고 한자의 음과 설명을 썼다. 한자가 있어 글자가 눈에 잘 들어오지 않아 하루 한 장을 쓰는 데도 상당한 시간이 들었고, 평소에 안 하던 걸 하려니 무척 힘들었다. 한 글자씩 꾹꾹 눌러 쓰다 보니 어깨는 물론 팔과 눈도 아팠다. 특히, 힘을 너무 주면서 글씨를 써서 그런지 손가락이 너무 아팠다. '필사는 이런 인고의 시간이 필요하구나.' 하며 자신을 스스로 다독거렸지만, '내가 왜 이걸 시작했을까?', '여기서 그만할까?' 하는 생각 또한 계속되었다. 그래도, 이왕 시작한 거 끝까지 해보자며 하루도 빠짐없이 꾸준히 필사했다. 시간이 어느 정도 흘러 이제는 익숙해질 만도 한데, 계속 눈이 침침해지고 팔도 저렸다. 그리고, 손가락은 힘이 안 들어갈 정도로 고통이 계속되었다. 중간에 그만두고 싶다는 생각이 목구멍까지 올라왔지만, '만약 여기서 포기하면 앞으로 내가 뭔가 하려고 해도 쉽게 포기하게 될 수도 있다'라고 생각하며 계속 이어 나갔다. 이렇게 많은 고통 속에서도 '할 수 있다!', '이제 거의 다 왔다'라고 속으로 외치며 자신을 위로한 끝에 드디어 책의 마지막 장이 펼쳐졌다. 노트에 마지막 장을 필사할 때의 성취감과 기쁨은 이루 말할 수 없을 정도였다. 나의 힘겨운 첫 번째 필사는 많은 고통과 인내 속에서 성공적으로 마무리가 되었다. 그러나, 그 뒤로 한동안 손 글씨로 하는 필사는 시도할 엄두조차 내지 못했다. 만약, 손 글씨 필사를 처음 시도하는 것이라면 가능한 적은 분량으로 천천히 하는 걸 추천한다.

두 번째 필사는 공저 책 쓰기 소모임에서 시작되었다. 공저 책 쓰기 소모임을 시작하면서 가장 먼저 하라고 한 것이 필사였다. 필사해야 한다는 말에 오래전 도전했던 고통의 기억이 다시 스멀스멀 떠올랐다. 아직 그 당시 고통의 흔적이 남아있어 계속할지 그만두어야 할지를 고민하기 시작했다. 온라인으로 하는 첫 모임에서 작가님이 필사를 추천하는 이유에 관해서 설명하기에 일단 다 듣고 난 뒤에 판단하기로 하고 설명을 들었다. 작가인 자신도 처음 책을 쓸 때 글은 써야겠는데 무엇을 어떻게 써야 할지 막막해 무작정 시작한 것이 필사였다고 한다. 필사하니 글을 쓰는 근육이 만들어지고, 어떻게 써야 할지 느낌이 와서 책을 출판할 수 있었다고 한다. 설명을 듣고 나니 책 쓰기 위해선 필요한 단계라는 생각이 들어 정말 힘들어 못 하겠으면 그때 포기하는 것으로 하고 일단 시작했다. 그렇게 나의 두 번째 필사가 시작되었다. 그런데, 진행하는 필사 방식이 지금까지 알고 있던 거와 달랐다. 손으로 쓰는 게 아니라 컴퓨터 자판으로 치는 것이었다. 그리고 책 또한 어려운 고전이나 스테디셀러와 같은 유명한 책이 아닌 주변에서 자주 접하고 읽기 쉬운 에세이식 자기계발서였다. 컴퓨터를 어릴 적부터 사용해 온 나는 컴퓨터 자판을 치는 게 어려운 일은 아니었다. 필사하려는 책에 대해서는 '이 책을 그대로 쓴다고 글이 써지나?' 하는 약간의 의구심이 들기는 했지만, 필사부터 시작하는 이유가 꾸준히 글을 쓰는 연습을 통해 '글을 쓰는 근육을 만드는 게 목적'이라고 했기에 일단 계속 필사를 진행했다.

함께 하는 다른 분들은 컴퓨터로 자판 치는 걸 힘들고 어려워했는데, 나는 컴퓨터로 먹고사는 직업이다 보니 컴퓨터 자판을 치는 게 손으로 쓰는 것보다 오히려 더 편하고 쉬웠다. 매일 한 꼭지씩 필사하여 온라인으로 공유하였는데 내가 항상 제일 빠르게 공유했다. 처음에는 글자 하나하나를 따라 치는 것에만 급급했다. 어느 정도 시간이 흘러 따라 쓰는 것에 조금씩 익숙해지니 문장이 하나씩 보이기 시작했다. 컴퓨터 자판을 치는 속도도 점점 올라가면서 책을 소리 내 읽는 정도와 비슷할 정도의 속도가 붙었고, 내용이 머릿속에 들어오기 시작했다. 그저 눈으로만 읽었을 때보다 좀 더 상세하게 내용이 보였다. 눈으로만 읽었을 때는 책 읽는 속도는 빠르지만 그만큼 잊히는 게 많았다면, 필사하면서 책을 읽으니 문단과 문단 사이의 내용이 눈에 잘 들어오고, 오랜 시간 머릿속에 맴도는 문장들이 많이 늘어났다. 이걸 깨닫고 나니 점점 더 필사하면서 책 읽고 싶다는 생각이 들어 시간이 날 때마다 필사했다. 이 글을 쓰고 있는 지금도 나는 매일 일정량의 필사를 한다. 내가 쓰고자 하는 책의 분야와 비슷한 다른 책을 필사하면서 내용을 좀 더 깊게 읽고 '나는 어떤 방향으로 써야겠다'하는 생각을 떠올렸다. 다시 시작한 두 번째 필사는 어찌 보면 나에게 딱 맞는 천생연분이다.

새벽에 잠에서 깨어 스트레칭으로 굳어 있던 몸과 뇌를 풀어주고 나면 곧바로 컴퓨터를 켠다. 몸과 뇌가 스트레칭으로 풀리긴 했지만, 아직 잠에서 덜 깬 상태라 잠자고 싶은 유혹에 넘어가 다시 잠들기도 했다. 그래서 완전히 잠에서 깨어나기 위해 몸을 일으켜 노트북을 켜고 책을 펼친 뒤 곧바로 필사를 시작했다. 한 꼭지를 필사하는 데 걸리는 시간은 대략 20~30분 내외이다. 초반은 잠에서 덜 깬 상태라 컴퓨터 자판을 치는 속도도 느리고 책이 눈에 잘 들어오지 않아 5분 정도는 필사하면서 작은 소리로 따라 읽었다. 조금씩 잠에서 깨어나기 시작하면서 책의 내용이 머릿속에 들어오기 시작했다. 필사하는 동안에는 키보드를 치기 위해 손가락을 계속 움직여야 하고 흐름을 이어가기 위해 책의 문장을 봐야 한다. 다시 말해 화면과 책을 계속 번갈아 가면서 읽고 써야 한다. 오타를 줄이기 위해 키보드도 가끔 확인하기도 한다. 한 꼭지 필사를 위해서 많은 곳을 신경 써야 하고 손가락은 계속 키보드를 쳐야 하니 잠에서 안 깰 수가 없다. 책을 눈으로만 읽을 때는 잠을 푹 자고 일어났어도 졸음이 밀려오는 경우가 많아 책을 그만 읽거나 꾸벅꾸벅 졸기도 했다. 졸면서 읽다 보니 책의 내용을 띄엄띄엄 읽거나, 읽다가 잠들 때도 있어 책을 덮고 나면 내용이 거의 기억나지 않을 때가 많았다. 그런데 필사하며 책을 읽으니 세세한 문장까지도 놓치지 않고, 컴퓨터 자판을 치는 동안은 마치 내가 글을 쓰고 있다는 기분까지 들었다. 목표한 분량의 필사를 마치고 나면 잠에서 완전히 깨었다. 그러면 내가 필사했던 부분의 제목을 다시 한번 읽으며 잠시 필사한 내용을 떠 올렸다. 필사했던 내용 중 인상 깊었던 부분이 있으면 다시 한번 읽으며 내 삶에 어떻게 적용할 것인가를 생각해보며 책을 덮는다.

힘들게 새벽에 일어나 다시 잠들면 하루가 허무하다는 느낌이 들 때가 있다. 몸과 정신이 완전히 깨기 전까지 방심하면 안 되는 게 잠이다. 삶의 변화를 위해 새벽 기상을 선택했고 힘들게 이른 시간에 눈을 떴다면 완전히 잠을 떨쳐버려야 한다. 잠을 깨기 위한 다양한 방법들이 있다. 그 수많은 방법 중 가장 좋은 방법은 운동이라 생각한다. 잠을 깨기 위해 운동만큼 좋은 건 없지만 그만큼 준비과정이 길고 시간이 많이 소요된다. 그러나 필사는 책만 펼치면 된다. 물론 컴퓨터로 자판을 치려면 컴퓨터가 켜지는 시간은 필요하다. 만약, 운동과 독서를 하려고 생각했다고 치면 운동 시간 따로 독서 시간 따로 사용해야 해서 더욱 많은 시간이 들어간다. 바쁜 현대사회를 살아가는 직장인으로서 많은 시간을 할애하는 건 쉽지 않다. 그래서 잠도 떨쳐버리고 책도 읽는 일거양득의 효과를 얻을 수 있는 필사가 더욱 좋다고 생각한다. 잠을 깨우는 것은 필사로 얻을 수 있는 수많은 효과 중 하나일 뿐이다. 지금까지 새벽 기상을 목표로 했지만 잠이 많아 계속 실패했다면 필사를 통해 극복해보는 것을 추천한다. 잠을 깨우는 것 이외에도 다양한 효과를 얻을 수 있다는 걸 느끼게 될 것이다.

새벽 기상, 포기만 하지 않으면 된다

'왜 새벽에 일어나려고 하는가?'

이 물음에 바로 답할 수 있다면 당신은 이미 새벽 기상을 할 수 있는 충분한 준비가 되어 있다고 말할 수 있다. 꾸준한 새벽 기상은 쉬운 일이 아니다. 우리는 보통 저녁형 인간과 아침형 인간으로 나누어 이야기한다. 단순하게 생각하면 저녁형 인간은 저녁에 활동을 많은 사람일 것이고 아침형 인간은 할 일을 새벽에 하는 사람일 것이다. 자신은 어느 영역에 속하는가? 아마도 대부분 사람이 저녁형 인간이라고 답할 것이다. 우리는 관계를 맺고 무리 속에서 살아가는 동물이기에 홀로 남겨지면 무엇을 해야 할지 몰라 힘들고 어려워한다. 저녁은 사람들과의 관계를 쉽게 맺을 수 있는 시간대이다. 물론 저녁에 혼자 있는 사람도 있겠지만 아무래도 많은 사람이 저녁 시간에 활동하다 보니 사람들을 만나 인맥을 만들고자 하는 사람들은 저녁형 인간으로서 생활한다.

그렇다면 '왜 새벽 기상을 하려고 하는 것일까?' 아마도 새벽 기상을 하려고 하는 사람들은 자기 성장을 늘 갈망하는 사람들이 많다. 저녁 시간을 사람들과 함께 시간을 보내는 것도 유의미한 시간이 될 수 있지만, 자기 성장을 위해서는 내면을 들여다보는 시간이 있어야 한다. 다시 말해 자신을 돌아보고 미래를 계획하는 혼자만의 시간을 보낼 수 있어야 비로소 성장한다. 새벽은 그 누구의 방해도 받지 않는 오롯이 자신만의 시간을 가질 수 있는 시간대이다. 그렇다면 새벽 기상을 꾸준히 하는 방법은 무엇일까? 앞에서도 많은 이야기를 했지만 불필요한 저녁 만남을 줄이고 저녁 활동의 시간을 새벽으로 이동시키면 자연스럽게 새벽 기상과 함께 아침형 인간이 될 수 있다.

새로운 것에 도전하고 실천해 나가다 보면 많은 고통과 시련에 찾아오기 마련이다. 그때마다 그만하고 싶다는 생각이 가장 먼저 나에게 찾아온다. 새벽 기상을 실천하면서도 마찬가지였다. 잠을 더 자야 하는 수많은 이유가 떠오르며 나를 유혹했고, 나는 그 유혹에 홀려 '이젠 그만할까?'를 생각할 때도 많았다. 그럴 때마다 내가 새벽 기상을 하는 이유를 떠올렸다. 과거의 방탕한 삶에서의 변화가 필요했고, 성공한 삶을 살고 싶다는 목표가 있다. 그 첫 단추가 새벽 기상이었기에 새벽 기상을 단념하면 시합이 끝나는 것처럼 성공한 삶도 사라질 것 같다는 생각이 들었다. 나는 아직 성공한 삶을 살고 있다고 생각하지 않는다. 새벽 기상을 단념하지 않는다면, 그것이 초석이 되어 성공한 삶으로 이끌 거로 생각한다.

처음 새벽 기상에 도전했을 때 저녁형 인간이었던 나는 쉽게 새벽형 인간으로 바뀌지 않았다. 처음 며칠은 저녁 활동을 줄이고 하던 일을 새벽으로 이동시켜 새벽에 일어나 계획했던 일을 했다. 그 과정에서 성취감을 느끼고 '새벽 기상 별거 아니네'라는 생각까지 들었다. 그러나 몸에서 회귀본능이 발동하듯 낯선 것에서 익숙한 걸로 다시 돌아가려고 몸이 꿈틀거렸다. '며칠이나 지났을까?' 저녁에 활동했던 기존 습관들이 슬금슬금 다시 고개를 들며 예전으로 돌아오라고 손짓했다.

가장 큰 유혹은 저녁에 만났던 사람들이 유혹할 때다. 저녁에 사람들을 만나 식사나 술을 자주 했었는데 그들이 가만히 놔두지 않았다. '사람이 변하면 죽을 때가 다 온 거다', '이제는 애정이 식었냐?', '그렇게 힘들게 살아서 뭐 하냐?' 하는 말을 하며 온갖 유혹을 했다. 그런 유혹을 뿌리치기가 쉽지 않았다. 또한, 회식 자리라도 잡히면 다음 날 새벽 기상을 위해 일찍 들어가야 해서 중간에 가려고 하면 직원들이 붙잡고 놔주질 않았다. 때로는 저녁 식사나 술자리의 유혹에 넘어가 밤늦게나 새벽까지 있게 되면서 며칠 동안 했던 힘겹게 했던 새벽 기상이 무너지기도 했다.

두 번째는 잠이 오지 않아 밤새워 뒤척이다 늦게 잠이 들었을 때다.

한참 잠 못 이루어 겨우 잠들었다가 새벽에 눈을 뜬 거라 그때부터는 잠의 유혹이 시작되었다. '일어나야지' 하면서도 눈은 다시 감기고 눈 뜨자마자 하는 스트레칭을 하면서도 눈은 계속 떠지지 않아 한 동작을 할 때마다 잠깐씩 잠이 들어버리는 일도 있었다. 그러다 결국 스트레칭 동작을 하던 중에 잠이 들었다가 깨어나 보니 이미 시간이 한참 지나가 버렸던 적도 있다.

마지막은 가끔은 눈을 떴지만 아무 이유도 없이 다시 자고 싶어질 때다. 이때도 상당한 고비가 찾아온다. 일어나지 않고 계속 누워있으면서 자신과 타협한다. '조금만 더 잘까?', '새벽에 할 일 하나 빼고 조금만 더 자자' 점점 이런 생각이 들다가 결국 잠을 선택하고 다시 잠들어 새벽에 할 일들을 전부 다 못하고 일어난 적이 많았다.

이외에도 많은 유혹이 있었고 그럴 때마다 유혹에 넘어가 새벽 기상에 실패하여 그날 하루는 나만의 새벽 시간이 사라지기도 했지만, 나는 포기하지 않았다. 새벽 기상을 못 하는 날이 발생해도 다음 날이 되면 전날의 감정이나 기분들은 모두 날려버리고 새벽 기상에 도전했다. '작심삼일'이라는 말이 있다. 보통 뭔가 하고자 결심했는데 며칠 못가 포기하는 사람들을 놀릴 때 자주 사용하는 말이다. 대부분 다 아는 말이지만 '하고자 하는 일을 결심하고 실천하는데 3일 이상 못 간다'라는 의미이다. 보통 3일째가 되는 날에 다시 원래대로 가려고 하는 회귀본능이 가장 크게 찾아온다. 대부분 사람이 이때 가장 많이 포기한다. 그러나 유혹에 넘어가 실패했다며 포기만 안 하면 꾸준하게 할 수 있다. 3일째 되는 날 실패했다면 4일째가 되는 날 다시 시작하면 된다. 그렇게 작심삼일을 계속 도전하면 실천하는 날이 4일 되고, 일주일이 되고, 한 달이 되면서 서서히 습관이 형성된다. 앞에서도 이야기했지만 나도 많은 실패를 했고 많은 방법으로 다시 도전하며 지금의 습관을 만들어왔다. 지금의 습관이 '완성형'이라기보다 '진행형'이라고 해야 하는 게 맞을 것이다. 앞으로도 수많은 유혹에 실패하기도 할 것이고 계속 다시 도전할 것이기 때문이다.

지금도 새벽 기상을 포기하라는 수많은 유혹이 계속 나에게 손짓하고 있다. 유혹의 손길이 찾아올 때마다 여러 가지 방법으로 유혹을 이겨 내려 노력하지만, 유혹에 넘어가더라도 포기하지 않고 다시 시작한다. 반드시 하루도 빠짐없이 새벽에 기상해야 할 이유도 없다. 새벽이 주는 효과는 이루 말할 수 없지만, 새벽 기상이 스트레스로 다가온다면 가끔은 쉬어가는 날을 만드는 것도 꾸준하게 할 수 있는 동력이 된다. 다만 쉬는 기간이 너무 길어지면 안 된다. 다시 예전의 생활로 돌아갈 수 있는 확률이 높아지기 때문이다. 삶의 변화를 위해 목표를 세우고 새벽 기상에 도전했는데 하루 이틀 실패했다며 포기하지만 않는다면 새벽 기상은 자연스럽게 습관으로 만들어질 것이다. 꼭 새벽 기상을 습관으로 만들어 그동안 숨어있던 시간을 찾아 인생의 변화를 하나씩 만들어 가길 응원한다.

제4장
새벽 독서 원칙

새벽 독서, 나만의 루틴을 만들어라

몇 년 전부터 주변에서 모닝 루틴이라는 말을 유행처럼 사용하고 있다. 특히, 생산적인 삶을 살기 위해 노력하는 사람들 사이에서 자기만의 모닝 루틴을 하나둘씩 공유하고 있다. 나의 경우는 모닝 루틴 이전에도 새벽 기상을 시도한 적이 있었다. 아침형 인간이 유행했을 때였다. 그 당시에는 지금처럼 공유하는 문화가 자리 잡지 못해 나 홀로 진행하다 보니 새벽에 일어나 할 일을 루틴으로 만들지 못해 오랜 시간 지속하지 못하고 끝났다.

지금은 새벽에 일어나 독서를 시작한 지 2년이 넘어간다. 처음 새벽 기상을 시작할 때만 해도 무엇을 해야 할지 잘 몰랐다. 그저 일찍 일어나 하루를 좀 더 많이 활용하고 싶다는 생각밖에는 없었다. 그러나, 막상 일어나니 뭘 해야 할지 생각나는 게 없어 멍하니 책상에 앉아 있다가 다시 잠을 자거나 온라인 영상제공 서비스로 영화나 드라마를 보는 날이 많았다. 더 많은 시간을 활용하고자 힘겹게 새벽에 일어났지만, 효과는 그리 크지 않았다.

지금은 필사가 새벽 루틴 중 하나로 자리잡혀 새벽 기상을 할 수 있는 원동력이 되고 있지만 처음부터 새벽에 필사를 한 건 아니었다. 필사를 처음 시작할 당시만 해도 휴직한 상태였기에 낮에도 여유가 있어 필사를 꾸준히 할 수 있었는데 복직이 얼마 남지 않았던 터라 앞으로 어떻게 해야 유지할 수 있을지를 고민해야 했다.

필사를 꾸준히 하기 위한 시간을 찾기 위해 나의 하루 일상을 떠올렸다. 집에서 직장까지의 거리가 멀어 출퇴근 시간이 편도로 거의 2시간 정도 걸린다. '필사를 할 수 있는 시간대가 언제일까?' 생각해보니 출근 전, 퇴근 후, 점심시간이 떠올랐다. 점심시간은 점심을 먹고 나면 필사하기엔 중간에 흐름이 끊어질 것 같고, 퇴근 후 저녁 시간은 불규칙했다. 남은 시간은 출근 전 시간뿐이었다. 출근하려면 보통 6시 30분 정도에는 일어나야 한다. 필사를 꾸준히 하기 위해 출근 전 시간을 선택한 나는 복직을 하기 전에 습관을 만들어야겠다고 생각했다. 그래서 기상 시간을 1시간을 앞당겨 일어나 새벽 필사를 시작했다.

필사를 계속하니 점점 글을 쓰는 것에 부담이 줄어드는 것이 느껴졌다. 필사 이전에는 한 줄조차 쓰기 어려워했는데 필사하면서 점점 글에 생각이 담기기 시작했다. 눈으로 책 읽기를 할 때는 책을 읽다가 머릿속에서 생각이 반짝 떠올랐다가 사라졌다면, 필사하면서 책을 읽으면 한 문장 한 문장이 눈에 잘 들어오고 머릿속에 오래 남아 떠오르는 생각을 글로 표현할 수 있을 것 같았다.

필사를 꾸준히 하면서 책을 읽고, 읽은 내용을 바탕으로 내 생각을 조금씩 글로 쓰며 SNS에 공유하기 시작했다. 새벽에 책을 읽다가 좋은 문장이나 인상 깊은 내용을 발견하면 우선 책에 표시하고 휴대폰 카메라로 표시한 부분을 촬영한다. 촬영한 사진과 함께 글에서 느낀 내 생각이나 다짐을 글로 표현하여 SNS에 공유했다. 예전엔 인상 깊은 글을 읽어도 실천으로 잘 이어지지 않고, 그저 머릿속에서만 맴돌다 사라지곤 했는데, 글을 써보니 좀 더 명확하고 구체적인 메시지로 전달되는 것 같았다. 또, 오랜 시간 기억 속에 남아있거나 행동으로 옮겨지는 경우도 많아졌다. SNS에 글을 공유하니 내 글을 읽고 응원하는 사람들이 늘어나는 재미도 더해지며 누군가에게 영향력 미칠 수 있다는 생각이 들어 더욱 열심히 하게 되는 일거양득의 효과도 얻었다.

새벽 시간의 효과를 느끼면서 책 읽기만이 아닌 필사, SNS 공유, 글쓰기 등 점점 다양한 것들로 나의 새벽 시간을 채워나갔다. 그렇게 며칠이 지나니 새벽에 할 일이 많아져 부담을 좀 줄여야겠다는 생각과 다 하기엔 시간이 부족한데 '어떻게 하면 할 수 있을까?' 하는 두 가지 생각이 공존하기 시작했다. 글을 쓰고 있는 지금도 이 두 가지 생각이 계속 나를 괴롭히고 있다. 많이 하는 것보다 꾸준히 하는 게 더 중요하기에 다음 날 새벽에 할 일을 미리 계획하며 조금씩 나만의 루틴을 만들어 보기로 했다.

새벽 독서를 꾸준히 하기 위한 나의 루틴은 이렇다.

앞서 얘기했듯이 제일 먼저 가볍게 스트레칭을 한다. 자고 일어난 상태라 굳어 있는 몸을 살짝 풀기 위해 누워있는 상태에서 가볍게 스트레칭을 한다. 스트레칭이 끝나면 자리에서 일어나 잠자리를 정리하고 커피 한잔을 타러 주방에 간다. 커피를 타고 커피 향을 맡으면서 창밖의 풍경을 잠시 바라본다. 아직은 해가 뜨지 않은 시간이라 밖이 어둡지만, 가끔 보이는 불빛을 보면서 명상의 시간을 조금 갖고 난 뒤 책상으로 간다.

책상에 앉으면 제일 먼저 필사를 위한 준비를 한다. 그리고, 타이머를 켜고 필사하기 시작한다. 타이머를 켜는 이유는 한 꼭지의 양이 책마다 달라 일정 시간 동안은 꼭지와 상관없이 필사하고 타이머 알람이 울리면 해당 꼭지까지 필사하며 필사를 마친다. 필사를 통해 아직 잠에서 덜 깬 몸을 깨우는 효과도 있고, 필사하면서 책을 읽으면 좀 더 책에 집중이 되어 읽은 내용이 더 오랜 시간 지속된다. 또한, 글쓰기 감각을 유지하기 위해서는 매일 글을 쓰는 게 좋은데, 아무리 생각해도 글감이 떠오르지 않는 날이 있다. 이럴 때 필사하면 내 글이 되었던 남의 글이 되었던 글을 쓰고 있다는 생각에 계속 글쓰기 감각을 유지할 수 있다.

필사가 끝나면 오늘 하루 내가 어떤 마음으로 살아가야 할 것인가를 생각하기 위해서 주로 의식을 다루는 책을 읽는다. 책을 읽다 책 속 문장에서 영감을 얻어 생각이 떠오르면 읽기를 멈추고, 책에 밑줄을 치고 생각을 적어 나가기 시작한다. 적은 생각들을 정리하며 밑줄 친 부분을 휴대전화 카메라로 촬영한다. 촬영한 사진과 함께 정리한 내용을 SNS에 올린다.

SNS에 글을 올리고 나면 운동하러 간다. 나이가 들어가고 오랜 시간 자리에 앉아 일하는 직업을 갖고 있다 보니 체중은 늘어나고 체력은 점점 떨어져 간다. 몸 여기저기에서 고통의 신호를 계속 보내오고 있어 이제는 그대로 방치해서는 안 되겠다 싶어 운동을 시작했다. 독서하든가 일하든가 무엇을 하든 체력은 가장 기본이다. 새벽에 운동하면 온종일 피곤할 거로 생각했는데 처음 시작할 때만 잠깐이었고, 익숙해지니 오히려 책에 집중이 더 잘된다.

운동을 마친 뒤 집에 들어오면 샤워하고 책 읽기를 시작한다. 글을 쓰기 위해서는 많은 경험이 필요한데 직접적인 경험은 한계가 있다. 독서는 이런 경험을 손쉽게 얻을 수 있는 최고의 도구다. 다양한 간접경험을 얻으려면 다양한 분야의 책을 많이 읽으면 된다. 나는 개인적으로 연간 80~100권 정도를 목표로 책을 읽고 있다. 필사와 의식에 관한 책을 읽으면서 독서하고 있지만, 아무래도 책 읽는 분량이 적어 그것만으로는 독서 목표를 달성하긴 어렵다. 일정 시간 책을 읽고 나면 읽은 내용을 머릿속에 떠올리며 사유의 시간을 갖는다. 별도로 메모하거나 독서 노트를 작성하기도 하고 그냥 머릿속에서만 끝내는 경우도 많이 있지만, 사유의 시간을 가졌을 때와 그렇지 않을 때의 차이는 상당히 있었다. 독서 노트와 같이 기록까지 하는 경우는 더욱 차이가 컸다.

새벽 루틴을 다 마치고 나면 대략 2시간 정도가 걸린다. 나는 이렇게 글쓰기, 필사와 같이 집중이 필요한 질적 독서와 여러 권의 책을 빠르게 읽는 양적 독서를 새벽 시간을 활용해 실천하고 있다. 예전의 나였다면 이 시간이 존재하지도 않았고, 출근 준비하느라 바빴을 것이다. 그러나 지금의 나는 2시간 동안 나의 목표를 위한 생산적인 활동을 한 뒤 일상을 맞이하는 삶으로 바꾸어 나가고 있다. 새벽 루틴이 만들어지지 않았다면, 아마도 많은 유혹에 쉽게 넘어가 포기하는 게 많이 있었을 것이다.

대부분 사람이 루틴을 만들어도 늘 똑같이 하진 않을 것이다. 아니 못한다고 하는 것이 더 맞는 표현이라 생각한다. 나 또한 처음과 다르게 조금씩 변화시키면서 다듬어가고 있다. 아무리 좋은 루틴이라 하더라도 현재 나의 상황과 맞지 않으면 행동으로 이어지기가 쉽지 않기 때문이다. 또한, 루틴으로 인해 스트레스를 받아 그동안 잘하고 있던 다른 행동에 악영향이 미칠 수도 있다. 아무리 좋은 보석도 원석에서 한 번에 바로 만들어지지 않듯, 루틴을 수행하면서 수시로 되돌아보고 고칠 게 있으면 계속 고쳐 나가야 한다. 중요한 건 자신만의 최적의 루틴을 만들어 가는 것이다. 지금도 나는 '더 좋은 방법은 없을까?' 고민하며 나의 루틴을 되돌아보곤 한다. 제일 좋은 옷은 자기 몸에 딱 맞는 옷이라고 한다. 내 몸에 딱 맞는 옷을 찾듯, 나만의 루틴을 찾아 좀 더 생산적이고 보람찬 하루를 만들어 나가길 바란다. 이왕이면 새벽 기상과 독서도 함께 하면서 말이다.

새벽에 읽을 책은 심사숙고해라

주변에 어떤 사람이 있느냐에 따라 그 사람의 인생이 달라진다. 책도 사람과 마찬가지로 저자의 인생이 담겨있다. 처음 책을 읽었을 때는 베스트셀러나 주변에서 광고하는 책을 아무 생각 없이 읽었다. 책을 통해 자신의 인생이 변화되었다고 이야기하는 사람들을 보며 나도 변화를 위해 독서를 선택했는데 크게 달라지는 것이 없다는 생각만 들었다. 시간이 흐를수록 변화를 갈망하는 마음이 더 커지던 어느 날 '도대체 어떤 책을 어떻게 읽어야 할까?'라는 질문을 나 자신에게 하며 질문에 대한 답을 찾아 나서기 시작했다.

직장동료 중에 책 읽는 걸 굉장히 어려워하는 사람이 있다. 그는 내가 독서를 많이 한다고 했던 말을 기억하고 나에게 어떻게 하면 독서를 많이 할 수 있는지에 관해 상담을 요청했다. 책을 읽고 싶은데 무엇을 어떻게 읽어야 할지 잘 모르겠다며 그 이유로 그동안 책과 담을 쌓고 살아왔다고 했다. 그래서 나는 그에게 몇 마디 질문과 함께 책과 친해지는 방법을 얘기했다.

"평소에 재미있어하는 게 뭐예요?"

"음, 드라마나 영화 보는 거요. 예전엔 시간이 나면 주로 영화관에 가서 보곤 했는데 요즘은 코로나로 영화관은 잘 안 가고 집에서 넷플릭스 봐요"

"그럼, 드라마나 영화가 재미있는 이유가 뭐예요?"

"내가 주인공이 되거나 다음에 벌어질 일들을 예측하면서 보는 게 재미있어요"

"소설을 원작으로 하는 드라마나 영화가 많이 나오는데 그런 책을 읽어보는 건 어때요?"

"소설로 읽으면 재미있을까요?"

"개인적이지만 드라마나 영화가 된 소설을 읽으면 또 다른 느낌이 들어요. 소설을 읽으면 내가 등장인물이나 다음 상황의 상상이 더 크게 느껴져 오히려 몰입감이 더 있다고 생각해요. 드라마나 영화를 보는 시간을 조금씩 줄여서 책을 읽으면 읽는 재미도 점점 늘어나요. 그리고 책을 읽다 보면 조금씩 다른 책에도 관심이 생길 거예요. 그러면 자연스럽게 다른 책도 읽어보세요. 그것 또한 나름의 재미가 있고 많은 정보와 교훈도 얻을 수 있어요. 그렇게 읽다 보면 책과 친해지기 시작할 거예요. 저는 다른 분야로 시작했지만, 그런 식으로 친해지면서 독서 습관이 만들어졌어요."

"일단 제가 좋아하는 드라마나 영화의 원작 소설을 읽어보라는 말이 죠? 그러면 책에 흥미가 생기고 자연스럽게 책과 친해진다는 것이고 요?"

"네!"

직장동료와 대화를 나누면서 나 자신도 돌아보았다. 내가 어떻게 책을 읽기 시작했는지 그리고 어떤 책을 읽어 왔는지를 다시 생각하게 했다. 책을 읽은 계기는 내가 권하는 방식과는 다르지만, 과정은 같다는 생각이 들었다. 나는 소설을 그리 좋아하지 않았다. 예전엔 소설은 시간만 보내기 위한 책이라고 생각했다. 그러나 지금은 가끔 소설도 읽는다. 특히 드라마나 영화의 원작 소설을 읽으면 영화에서 봤던 내용보다 더 큰 상상력이 생기면서 영화보다 더 재미있었다. 또한, 인상 깊은 대사나 구절 등을 읽을 때면 내용을 떠올리며 사유를 하게 되고 이 시간이 내 삶에 영향을 준다는 걸 깨달으면서 이제는 소설은 시간을 보내는 책이라고 생각하지 않는다. 책의 비중으로 보면 자기계발서, 실용서, 경제/경영서가 주를 이루고 있지만, 가끔 읽는 소설도 유익함을 주는 것에 '그 어떤 책도 무익한 책은 없구나'라는 생각이 들었다.

가끔 새벽에 일어나면 책을 읽었던 기억이 있지만, 새벽 시간을 활용해서 집중적으로 책 읽기 시작한 건 필사를 하기 시작할 때부터였다. 공저 책 쓰기 모임에서 필사가 글쓰기의 감을 만들기에 가장 좋은 방법이고, 제일 먼저 자신이 쓰고자 하는 책과 유사한 분야의 책을 필사하는 게 좋다고 했다. 직장을 다니기 때문에 낮에는 회사업무로 인해 필사할 시간이 많지 않았다. 글쓰기 감각을 유지하기 위해 필사를 계속해야 하는데 필사할 시간은 없고 어떻게 해야 할지 고민이 많았다. 저녁 시간을 활용해보고자 노력했지만, 출퇴근 거리가 멀어 집에 들어오면 지쳐 아무것도 하기 싫거나 약속이라도 생기면 아예 할 시간이 없었다. 여러 가지 고민과 시도 끝에 출근 전 새벽 시간을 활용해보겠다며 이전보다 기상 시간을 앞당겨 새벽에 일어나기 시작했다. 초반에는 새벽에 일어나 한 꼭지를 필사하고 나면 출근 준비를 해야 했다. 필사하는 데 걸리는 시간도 있었지만, 필사하기 위한 시간만을 계산하여 기상 시간을 앞당겼기 때문이다. 필사하는 책이 주로 에세이식 자기계발서였다. 처음 필사할 때는 자판을 치기에 바빠 내용이 눈에 들어오지 않았는데 조금씩 필사가 익숙해지면서 내용이 눈에 들어왔다. 또한, 필사의 속도가 올라가니 조금이지만 시간 여유도 생기기 시작했다. 필사가 눈으로만 읽던 독서와는 다르게 내용 하나하나가 읽히니 필사를 마치고 난 후 내용을 떠올리며 '나는 어떻게 행동하며 살아야 할까?' 하는 생각들과 함께 나를 돌아보는 시간이 계속되었다. 어떻게 살아가야 할지를 고민하다 보면 출근 준비를 해야 하는 시간이 되어 아쉬움이 남았다. 그래서 기상 시간을 조금 더 앞당기기로 했다. 필사를 위해 일어났던 시간보다 30분을 앞당겨 일어나 필사를 마치고 고민하기도 하고 독서하기도 했다. 필사하기 위해 시작한 새벽 시간이 점점 독서를 위한 시간으로 확장되기 시작했다. 새벽 독서를 시작하기 이전에는 책 한 권을 끝까지 읽어야 한다고 생각하며 책을 읽었다. 낮이나 저녁뿐만 아니라 어쩌다 새벽에 일어나도 읽고 있던 책을 계속 읽었다. 그러나 새벽에 필사와 함께 독서하면서 가끔은 새벽의 고요함에 나를 돌아보며 평소 읽던 책이 아닌 나를 만들어 가는 책을 별도로 읽어야겠다는 생각이 들었다. 제일 먼저 떠오른 것은 자기계발서였다. 자기계발서는 내가 좋아하는 분야의 책이고 필사 또한 자기계발서 분야의 책이라 필사를 통해 읽으면 된다고 생각하며 패스했다. 그다음 떠오른 것은 경제/경영 분야의 책이었다. 경제/경영 분야의 책은 지식과 정보를 얻기에는 좋은데 읽고 나면 나를 성찰하는 생각이 들지 않았다. 어떤 책을 읽어야 할까를 계속 고민하던 중 독서 모임에서 "새벽에는 의식을 다루는 책을 읽는 것도 좋아요"라는 말을 했다. 그 말이 마치 나에게 이야기하는 것처럼 들렸다. 그 뒤로 의식을 다루는 책을 찾아 조금씩 읽어 나가기 시작했다. 의식을 이야기하는 책을 읽으니 또 다른 세계가 있다는 게 느껴졌다. 새벽이 주는 고요함과 정적이 더해지니 더욱 나를 돌아보는 생각들이 깊어졌다. 어떻게 살아야 하는지 어떤 생각들을 가져야 하는지를 하나씩 알아가며 조금씩 나를 만들어 간다는 기분이 들었다.

새벽은 하루를 여는 시간이다. 인생으로 본다면 삶이 시작되는 시기와 같다. 이 시기를 어떻게 보내느냐에 따라 인생이 달라지듯 새벽을 어떻게 보내느냐에 따라 하루라는 시간 또한 달라진다. 인생의 변화를 위해 새벽을 선택했고 새벽 시간 알차게 보내려고 독서를 선택했다면, 재미만 주는 책을 읽으며 시간을 흘려보내는 것보다는 하루를 계획하고 만들어 나갈 수 있는 책을 골라 읽는 게 좋다. 그렇게 쌓인 하루하루가 결국 자신의 인생을 바꿀 커다란 양분이 되어 줄 것이다.

내 삶을 바꿀 수 있는 주제로 책을 정해라

각 분야의 전문가들은 자신의 분야에 맞는 주제와 관련한 책을 계획적인 독서로 전문가의 길을 걸어왔다. 그동안 내가 어떤 주제의 책을 읽어 왔었는지를 돌아봤다. 내가 가장 관심이 많고 자주 읽는 분야는 실용서 위주의 자기계발서였다. 그리고, 생계를 위해서 정보통신 분야의 책도 틈틈이 읽어 왔다. 그동안 너무 한쪽으로만 치우쳐진 주제의 책만 읽어 왔다는 생각이 들면서 조금 부끄러웠다. 곧바로 인터넷 서점 사이트에 접속해 어떤 주제들이 있는지 찾아봤다. 소설, 시, 에세이, 인문, 역사, 예술, 종교, 사회, 과학, 경제, 경영, 여행, 어린이, 요리, 육아, 건강 등 내가 접하지 못한 주제들이 정말 많았다. 피터 드러커와 같이 일정 기간을 두고 한 주제만을 읽기엔 부담이 될 것 같다는 생각에 나는 시간대로 나눠서 읽는 방법을 선택했다. 나의 독서를 하는 시간대는 주로 새벽, 점심시간, 퇴근 후 저녁으로 나뉜다. 그래서 새벽은 내 삶을 이끌어줄 주제인 인문, 경영 분야, 점심시간은 가볍고 재미를 주는 주제인 소설이나 실용서, 저녁은 지식을 쌓을 수 있는 주제인 경제로 정하고 주제별 책을 선택하여 읽기 시작했다.

몇 년 전 나에게 맞지 않거나 누구도 하기 싫어하는 업무를 맡아 진행한 적이 있었다. 당시 나는 불평불만으로 가득 차 있었던 시절이었다. 항상 남 탓만 하고 나에게는 왜 이런 시련을 주는 건지 다른 사람들만 편의를 봐준다고 생각하며 불만을 품고 생활했다. 당연히 일에 대한 애착도 떨어지고 계속 현실을 회피하려고만 했다. 그때 직장 상사와 면담했는데 그가 나에게 이런 말을 했다.

"누구에게나 어려움이 다가올 때가 있어. 항상 자신이 원하고 편안한 일만 할 수는 없을 거야. 지금 우리 회사의 상황이 모두 힘든 시기를 겪는 성장통과 같은 단계라 생각해. 중요한 건 너에게 닥쳐온 상황을 극복해내려는 의지가 필요해."

나는 그 말이 내가 불만이 극도로 치솟아 올라와 있기에 잠시 상황을 모면하기 위해 하는 말이라고 생각하며 부정적으로 받아들였다. 그 뒤로도 나는 크게 변하지 않았다. 결국, 회사를 그만두었고 나는 내가 원하고 편안하게 일할 수 있는 회사를 찾아 이직했다. 그런데, 이직한 회사에서도 시간이 지날수록 이전 회사와 비슷한 상황으로 흘러갔다. 힘들고 어려운 상황이 자주 발생하여 주변에서 불평불만을 늘어놓고 상대방을 탓하는 상황들이 빈번했다. 아마도 예전의 나였다면 함께 불평하고 상대방을 비난하고 있었을 것이다. 그런데, 이번엔 달랐다. 이미 나의 의식이 달라져 있었다. 힘들고 어려운 상황이 발생하는 문제는 문제의 원인이 상대에게서 나오는 것이 아니라 내가 대상을 바라보는 관점에 따라 달라진다는 생각이 들었다. 그래서, 불평불만을 늘어놓는 직원에게 상황을 바라보는 관점의 전환이 달라지면 상대방도 노력하고 있는 모습이 보일 것이라는 얘기를 했다. 또한, 희망과 노력에 관해서도 이야기하며 "모든 문제는 자신의 의지에 달려있다."라고 말을 하고 있었다. 예전에는 모든 상황이 나에게 불리하게 돌아가고 나만 피해자인 양 불만족스러운 생각으로 가득 차 있었는데, 이런 대화를 하는 나 자신에게 깜짝 놀랐다.

나의 어떤 행동들이 희망과 노력 그리고 의지 등에 관해 이야기하는 의식으로 변화시켰을까? 가장 큰 요인은 새벽 독서라고 생각한다. 새벽 독서를 하면서 인문, 경영뿐만 아니라 의식을 다루는 자기계발서를 읽었다. 성장, 변화, 희망 등을 이야기하는 책 속의 내용이 나를 이렇게까지 변화시킬 거로 생각지 못했는데 많은 것이 변화되어가고 있었다. 예전에 직장 상사가 나에게 해준 말을 내가 다른 사람들에게 하고 있었고, 그 말의 의미가 무엇이었는지를 이제는 알 것 같다.

조선 후기 실학자 다산 정약용은 유배지에서 양계를 시작했다는 둘째 아들의 편지에 다음과 같은 회신을 보냈다.

"네가 양계를 시작하였다고 들었다. 양계란, 참으로 좋은 일이기는 하다만 이것에도 품위 있는 것과 비천한 것, 깨끗한 것과 더러운 것의 차이가 있느니라. 농서를 잘 읽어서 좋은 방법을 골라 시험해 보아라. 색깔을 나누어서 길러도 보고, 홰를 다르게도 만들어 보면서 다른 집닭보다 살찌고 알도 잘 낳을 수 있도록 길러야 하느니라. 때로는 닭의 모습을 시로 지어 보면서 짐승들의 실태를 파악해 보아야 하니, 이것이야말로 책을 읽은 사람만이 할 수 있는 양계니라. 너는 어떤 식으로 하고 있는지 모르겠구나. 어미 닭을 기르고 있으니 아무쪼록 앞으로 많은 책 중에서 닭 기르는 법에 관한 이론을 뽑아내어 책을 하나 만든다면 좋은 책이 될 것이다."

정약용이 자기 아들에게 이야기한 내용이었지만 양계를 삶으로 비춰 보니, 마치 삶을 살아가는 방법으로 들렸다. 삶에도 품위 있는 삶, 비천한 삶, 깨끗한 삶, 더러운 삶의 차이가 있다. 좋은 책을 읽으면서 책 속에 들어있는 방법을 찾아 자기 삶에 자신만의 방법으로 바꾸어 적용하며 살아가야 한다. 또한, 사람들의 모습을 관찰하여 옳고 그름을 분별하며 그들과는 다른 자신만의 인생을 만들어 가야 한다. 이것은 책을 읽고 실천하는 사람만이 할 수 있는 것이다.

세상에는 다양한 주제의 수많은 책이 있다. 또한, 책 속에는 수많은 길이 있다. 책을 읽으며 책 속에 숨어있는 깊은 뜻을 알아내고 깨달은 것을 자기 삶 속에 적용했을 때 비로소 삶의 변화가 만들어진다. 새벽 시간은 하루 중 자신을 돌아보기 가장 좋은 시간이다. 흥미 위주의 책을 읽기엔 너무나 아까운 시간이다. 과거의 삶이 어떠했던 앞으로의 삶을 계획하고 만들어 나가는 시간이 되어야 한다. 다양한 주제의 책을 많이 읽는 것도 좋지만, 새벽 시간에 읽는 책은 내 삶의 목표를 찾고 그 목표에 맞는 주제의 책을 집중적으로 읽는 게 좋다. 앞서 이야기했듯 의식을 다루는 책도 좋다. 취미 삼아 책을 읽으려고 새벽에 일어나는 건 분명 아닐 것이다. 많은 이들이 자기 삶을 좀 더 긍정적인 방향으로의 변화를 꿈꾸며 실천하려는 의지로 새벽 시간을 선택한다. 그러니 새벽 시간만큼은 삶의 긍정적인 변화를 만들 수 있는 주제와 분야의 책을 선택하고 집중해서 읽길 바란다.

의식을 다루는 책도 새벽에 읽어라

의식이란 무엇일까? 의식을 통해서 우리는 무엇을 이루어낼 수 있을까를 고민했다. 의식이란 내 생각, 사고, 감정을 이끌어 가며 나를 통제하는 내 안에 있는 또 다른 나 자신이다. 의식이 의지를 만들고 의지가 행동을 불러일으킨다. 무언가를 이루고자 할 때 의지가 뒷받침되지 않으면 끝까지 진행하기 어렵다. 끝까지 해내고자 하는 굳은 의지가 있다면 힘들고 어려운 시련이 닥쳐도 헤쳐 나갈 수 있다. 성공 의식을 만드는 방법은 여러 가지가 있겠지만 가장 쉽고 가성비 좋은 방법이 독서다. 의식에 관한 책을 읽으며 의식을 변화시킴으로써 나약한 모습에서 강한 내가 만들어진다. 격변하는 현대사회에서 재미와 지식을 주는 책이 아니라 때로는 의식을 다루는 책을 읽으면서 변화하는 사회에 적응하고 성공하는 나의 미래를 만들어 나가야 한다.

　주말에 가족들과 함께 오랜만에 야외로 나와 나들이하고 있었다. 한참 가족들과 즐겁게 지내고 있는데 회사 직원으로부터 전화가 왔다.

　"혹시 지금 출근할 수 있어요? 아니면 가능한 직원이라도 있을까요?"

　"무슨 일인가요?"

　"진행 중인 프로젝트에 문제가 생겨서 긴급하게 처리해야 하는데 처리할 사람이 없어서 연락드렸어요."

　"저는 지금 출근이 힘들고 가능한 직원이 있는지 연락해보고 알려드릴게요."

　전화한 직원에게 상황에 대해 간략하게 설명을 듣고 팀원들에게 양해를 구하기 시작했다. 다행히 출근 가능하다는 직원이 있어 양해를 구해 일단락 처리했다. 주말이 지나 출근하니 내가 관리하는 팀의 프로젝트가 아닌데 상사로부터 프로젝트 담당 관리 직원과 함께 상황을 파악하여 대응 방안을 세우라는 지시가 내려왔다. 프로젝트 관리 직원과 함께 프로젝트가 진행하고 있는 곳으로 갔다. 문제는 생각보다 심각한 상황이었다. 프로젝트 인원들은 통제가 안 되고 있었고, 상당 시간이 흘렀음에도 진행된 일이 거의 없었다. 어느 정도 상황을 파악하고 대응 방안을 마련하여 보고했다. 상사로부터 두 사람이 함께 이 일을 해결하라는 지시가 떨어졌다. 담당 관리 직원은 다른 일이 있어서 그 프로젝트를 챙길 수가 없다며 나에게 도와달라고 했다. 나도 관리하는 프로젝트가 여러 개 있어 챙기는 게 쉽지 않다고 했다. 둘이 한참을 얘기하다 일단 상사의 지시가 떨어졌으니 어쩔 수 없으니까 우선 내가 프로젝트에 들어가고 담당 관리 직원은 틈틈이 챙기기로 했다. 그래서 내가 어느 정도 정리하고 나면 담당 관리 직원이 마무리할 거로 생각하고, 당장에 급한 문제들을 해결하기 위해 동분서주하며 프로젝트팀원들을 다독거리고 일의 우선순위를 정해 조금씩 정리해 나갔다. 그런데 프로젝트 담당 관리 직원은 내가 정리하는 내내 한 번도 프로젝트를 챙기지 않는 것이었다. 계속 이런저런 핑계만 대고 빠져나가기 바빴다. 일을 지시한 상사도 나에게만 진행 상황을 확인하고 어떻게 해결되어 가고 있느냐고 압박을 해왔다. 급한 불을 끄고 일이 마무리되어가는 시점까지도 담당 관리 직원은 한 번도 찾아오지도 연락도 없었다. 일을 마무리하고 회사로 복귀하니 담당 관리 직원은 미안하다는 한마디 말뿐이었고 직장 상사는 고생했다는 말 한마디 없었다. 일을 마무리하는 과정에서 나의 정신은 피폐해졌고 건강은 극도로 안 좋아진 상태였다. 그해 그렇게 마무리한 프로젝트가 한두 개가 아니었다. 계속 고생하고 왔는데 일을 지시한 상사는 고생했다는 말 한마디도 없고 담당 관리 직원은 미안하다는 말 한마디뿐이었다. 내가 프로젝트에서 고생하는 동안 회사 내부에서는 많은 소문이 돌았다. 힘들고 어려우면서 성과가 별로 없는 프로젝트는 나를 계속 투입하고, 성과가 좋은 프로젝트는 담당 관리 직원을 투입한다는 소문이었다. 소문을 바탕으로 상사와 직원의 행동을 되짚어보니 소문이 진실처럼 들렸다. 그러면서 '나를 내치려고 하는 건가?' 하는 의문이 생겼다. 왜 내치려고 하는 건지 이유는 알 수 없었으나 생각이 걷잡을 수 없이 커졌다. 의문이 커지자 일도 하기 싫어지고, 불평불만을 늘어놓는 사람이 되어버렸다. 그해 인사평가를 받았는데 한 해 동안 이룬 성과가 없다는 이유로 최악의 평가를 받았고, 프로젝트가 잘못되도록 내버려 둔 담당 관리 직원은 최고의 성과를 받았다. 입장의 차이가 있을 수 있겠지만, 나로서는 참 아이러니한 상황이면서 동시에 그동안의 의문이 확신으로 이어지는 순간이었다. 그 이유로 인해 나는 한동안 방황을 했고 상사와 몇 번의 상담을 했지만 결국 회사를 그만두었다.

지금 내가 흘려보내고 있는 1초, 1분이 하루가 되고, 그 하루가 결국 인생이 된다. 1초, 1분을 허투루 보내지 않기 위해서는 인생 설계가 필요한데 그 인생 설계가 바로 꿈이었다는 것을 깨달았다. 꿈이 없는 인생은 나침반이 없는 배와 같아 아무리 열심히 나아간다고 해도 같은 곳을 빙빙 돈다는 말에 머리를 강하게 한 대 맞은 기분이었다.

그동안 나는 늘 무언가에 쫓기듯 살아왔다. 늘 불안함 속에서 다른 사람을 의식하고 그들의 시선에 맞춰 살아가고 있었다. 자신을 잘 관리하며 살아왔다고 생각했지만 다른 사람들에게 휘둘리며 나 자신을 찾지 못하고 나의 꿈이 무엇인지도 모르고 살아왔다. 그저 열심히 살아야 한다는 생각만 했을 뿐 정작 어떤 방향으로 살아가야 하는지는 몰랐다. 결국, 나는 제자리에서 빙빙 돌고 있는 인생을 살아온 것이다. 그렇기에 주변 사람들에게 쉽게 휘둘리거나 이용당하며 살아왔고, 시간이 없다고 불평하지만, 막상 시간이 주어지면 무엇을 해야 할지 모르고 살아왔던 것 같다. 아무런 꿈이 없었기에 마음을 부여잡고 다시 열심히 살아보자고 다짐해도 잠깐의 의지일 뿐 오랜 시간 유지하지 못했다. 나의 꿈이 무엇인지 내가 어느 방향으로 나아가야 하는가를 진지하게 고민하기 시작했다.

삶의 변화는 의식이 변함으로써 시작되고, 진정한 변화는 무의식의 영역까지 영향이 미쳐야 한다는 내용을 읽으면서 내 안에 존재하는 나의 무의식을 깨우기 시작했다. 그동안 변화하고자 했던 나는 그저 남들에게 보이는 겉모습만을 바꾸려고 노력했을 뿐 내 안에 있는 무의식의 영역까지 바꾸는 진정한 변화를 꿈꾸던 게 아니었다. 책을 읽고 난 뒤 나는 나의 무의식까지 바꾸는 진정한 변화의 길을 걸어가기 시작했다.

내 작은 변화의 시작은 새벽 기상이었다. 새벽을 맞이하며 나를 돌아보는 시간을 만들고, 내가 무엇을 할 수 있는지 무엇을 해야 하는지를 계속 질문하며 나를 알아가려고 노력했다. 이전과는 다른 나를 만들기 위해 나의 꿈과 성장을 위해 책을 읽기 시작했다. "수신제가 치국평천하"라는 말이 있다. 내가 바로 서면 가정을 돌보고 나라와 천하를 다스릴 수 있다는 말이다. 한마디로 천하를 다스리려면 제일 먼저 내가 바로 서야 한다는 것이다. 나를 바로 세우기 위해 가장 먼저 해야 할 일은 의식을 바로잡는 것이다. 의식에 관한 수많은 현인의 말을 들어보고 자신을 돌아보며 깨달음을 얻어 꾸준히 실천해야 한다. 의식을 다루는 책을 읽으면서 나의 하루를 만들고, 그렇게 하루하루를 쌓아가며 나의 인생을 만들어 간다. 새벽은 나를 돌아보기 가장 좋은 시간이다. 이 시간을 의식에 관한 이야기가 들어있는 책을 읽으며 그동안 잠들어 있던 성공 의식을 깨워 성공하는 새로운 삶을 만들어 가길 바란다.

독서량에 욕심내지 마라

독서가 취미라고 하면 주변에서 제일 먼저 일 년에 몇 권을 읽는지 묻는다. 왜 이런 질문이 먼저 나올까? 대부분 사람은 책 읽는다고 하면 많은 양의 책을 읽어야 한다고 생각하기 때문이다. 많은 양의 책을 읽는 독서가 잘못된 건 아니지만 그것만이 독서한다고 생각해서는 안 된다.

문화체육관광부에서 만 19세 이상 성인 6,000명과 초등학생(4학년 이상) 및 중, 고등학생 3,320명을 대상으로 '2021년도 국민 독서실태' 조사하고 결과를 2021년 1월에 발표했다. 조사 결과에 따르면 지난 1년간(2020. 9. 1~2021. 8. 31) 성인의 연간 종합 독서율은 47.5%, 연간 종합 독서량은 4.5권으로 '19년에 비해 각각 8.2%포인트, 3권 줄어든 것으로 나타났다. 또한, 독서 시간을 보면 대략 평일 기준 20분 정도

의 시간을 사용했으며, 종이책, 전자책, 오디오북을 모두 합산한 수치
이다. 독서를 하는 장애 요인으로는 성인 기준 '일 때문에 시간이 없어
서(26.5%)', '책 이외의 매체/콘텐츠 이용(26.2%), '책 읽는 습관이 들지
않아서(9.7%)', '시력 저하로 글자가 잘 보이지 않아서(9.5%)', '여가 취
미활동(6.7%)' 순으로 조사되었다.

　나는 독서실태 결과를 보면서 이렇게나 많은 사람이 독서하지 않는
다는 것에 커다란 충격을 받았다. 청소년도 심각하다고 생각하지만, 특
히 성인이 되어서도 독서를 이렇게나 적게 하는 것에 놀랐다. 국민 독
서실태를 보고 문득 내 주변을 둘러보았다. 주변에 책을 읽는 사람들이
많다고 생각했는데 가만히 살펴보니 독서 모임에서 만난 사람들을 제
외하고는 독서를 하는 사람들이 거의 없었다. 비록 조사 결과가 성인
6,000명이라는 적은 수의 국민을 기준으로 하였기에 조사에 응한 사람
들이 종사하는 분야에 따라 편차가 있다고 생각해도 책을 읽는 성인이
적다는 것에는 변함이 없다. 더욱 아쉬운 건 독서 시간이다. 평일 기준
20분 안팎의 시간만 독서에 사용한다니 하루를 기준으로 보면 1% 정
도밖에 안 되는 시간이다. 하루 근무 시간 8시간, 잠자는 시간 7~8시간,
식사나 화장실 등 기본 생활시간 5~6시간을 제외한다고 해도 2~4시간
이 남는다. 더 노력하면 6~8시간도 만들 수 있다. 이렇게나 많은 시간
을 도대체 어디에 사용하는 것일까?

　지금 우리의 주변에는 독서를 방해하는 요소가 너무나 많다. 독서실

태 조사 결과의 장애 요인에서도 보이듯이 책 이외의 매체나 콘텐츠의 유혹이 엄청나게 쏟아지고 있다. 업무시간에도 수많은 매체의 유혹에 넘어가 업무는 하지 않고 눈치 보면서 콘텐츠를 이용하는 사람들이 상당수인데 개인이 편하게 사용할 수 있는 자유시간에는 더더욱 쉽게 유혹에 넘어가 아주 많은 시간을 소비하고 있게 된다. 독서하면 박식해지고 삶에 많은 긍정적인 영향을 준다는 건 성인이라면 대부분이 아는 사실이다. 그런데도 이렇게 많은 사람이 독서하지 않는다는 사실이 그저 안타깝기만 하다.

독서를 많이 하면 좋다고 해서 많이 읽은 것에만 집착해선 안 된다. 500권이 되었든, 1,000권이 되었든 나를 변화시키지 못하는 책을 읽는다면 그건 안 하는 것보다 못하는 게 된다. 왜 안 하는 것보다 못하다고 말하냐면 책을 읽는 시간 동안 다른 것에 집중했다면 더욱 성장했거나 성공한 인생을 살고 있을 수 있기 때문이다. 독서는 분명 우리의 삶을 변화시킬 수 있고, 성장시킬 수 있는 강력한 도구이다. 그러나 독서량에 집착하여 삶에 하나도 적용하지 않고, 내용조차 기억하지 못하며 그저 읽었다는 성취감에만 빠지는 독서는 오히려 하지 않는 게 좋다. 다양하게 많은 양의 책을 읽는 건 생각을 더욱 풍성하게 만들어주니 추천하지만, 책을 읽는 목적이 독서량을 채우는 것에 있어서는 안 된다.

독서와 담을 쌓고 살았던 나는 독서를 막 시작했을 때는 독서량에 우선순위를 두었다. 그때는 책 읽는 그 자체가 익숙하지 않아 힘들었다.

그러던 어느 날 '책과 친해지기 위해서는 내용을 다 이해하기보다 자주 책을 읽어야 한다'라는 말을 들었다. '자주 책을 읽으면서 책과 친해지고 책을 다 읽었다는 성취감을 느끼다 보면 책 읽는 게 익숙해진다'라는 말에 내용을 자세하게 읽으려 하기보다 어느 정도 이해만 되어도 책장을 넘겼다. 독서하기 전에는 출퇴근길 버스나 지하철을 타면 그저 스마트폰으로 게임을 하거나 동영상을 보곤 했는데, 독서를 시작하면서부터는 스마트폰을 가방에 넣고 책을 손에 들고 다니면서 책을 읽었다. 점심시간에도 특별한 약속이 없으면 혼자 독서하기 전에는 출퇴근길 버스나 지하철을 타면 그저 스마트폰으로 게임을 하거나 동영상을 보곤 했는데, 독서를 시작하면서부터는 스마트폰을 가방에 넣고 책을 손에 들고 다니면서 책을 읽었다.빨리 먹고 자리로 돌아와 책을 읽었다. 저녁도 마찬가지로 불필요한 약속은 하지 않고 집에 들어가는 길에 카페를 들러 조금이라도 책을 읽고 들어갔다. 한 권 두 권 완독한 책이 쌓여가는 걸 보니 신기하게도 책 읽는 게 즐겁고 힘들지 않았다. 틈날 때마다 책 읽는 내 모습을 보면서 뿌듯함도 느껴졌다. 점점 책과 친해지고 독서를 못 하는 날은 오히려 허전하거나 불편했다. 그러던 어느 날 열심히 책을 읽었다고 생각했는데 다 읽은 책의 내용이 하나도 기억나지 않고, 삶도 별로 달라진 게 없다는 생각이 떠오르면서 알 수 없는 기분이 들었다. 책을 읽으면 읽을수록 뭔가 알 수 없는 부족함과 갈증이 느껴졌다. 내가 책을 읽기 시작한 이유가 이전의 삶보다 더 생산적이고 성공한 삶으로 만드는 것이었는데 그런 변화가 느껴지지 않았다. 나는 그동안 해왔던 독서 방법과는 다른 방법이 필요하다는 생각이 들어 독서법과 관련한 책들을 찾아 읽기 시작했다. 다양한 독서법에 관한 책을 읽어보니 막무가내로 겉핥기식 책 읽기보다 내용에 좀 더 집중해야 한다는 걸 알았다. 좀 더 책의 내용에 집중하기로 마음을 먹고 그동안 읽었던 책을 집어 들고 독서를 다시 시작했다. 좀 더 집중하며 반복하여 책을 읽으니 읽는 양은 이전보다 많이 줄어들었지만, 책 속의 내용이 조금씩 머릿속에 들어오면서 행동으로까지 이어졌다. 작은 행동의 변화였지만 하나둘씩 행동들이 쌓이면서 삶의 변화도 일어나기 시작했다. 잠이 많았던 내가 새벽에 일찍 눈이 떠졌고 매사에 '내가 이걸 할 수 있을까?'라고 생각하던 일들도 '어떻게 하면 할 수 있을까?' 하는 생각으로 바뀌어 갔다. 처음 시작은 책과 친해지기 위해 양에 무게를 두는 게 좋지만, 어느 정도 책에 익숙해지면 양보다는 질에 무게를 두는 게 좋다는 걸 깨달았다.

독서를 읽는 양에만 무게를 두어 욕심을 내면 삶의 변화를 위한 진정한 독서가 되지 않는다. 책은 수많은 저자의 지식과 지혜가 들어가 있다. 그런 소중한 보물과 같은 책을 읽는 양에만 욕심을 내다보면 겉핥기식으로 읽게 된다. 독서를 통해 책 속에 있는 수많은 메시지와 정보, 지식 등을 알게 되면 궁금한 것이 늘어나고, 읽고 싶은 책들이 많아지면서 독서의 양은 자연스럽게 늘어나게 된다. 새벽은 세상이 깨어나는 시간이다. 대부분 사람이 잠들어 있는 시간에 일어나 자신만의 미래를 계획하고 실천하는 건 성공이라는 변화의 세포를 만들어 가는 것이다. 이 소중한 시간에 독서량에 집착하여 아무것도 변화시키지 못하는 겉핥기식 독서를 한다는 것은 너무나 안타까운 일이다. 진정으로 삶의 변화를 원한다면 서두르지 말고 한 걸음 한 걸음씩 걸어가듯 한 권의 책을 여러 번 읽어가며 한 권 한 권씩 내공을 쌓는 지혜로운 독서인이 되길 바란다.

새벽 독서 후 쓰고 공유해라

독서 고수들은 초보 독서가들에게 책을 읽으면 독서 노트를 쓰라는 얘기를 많이 한다. 독서할 때뿐만 아니라 평소 생활하면서도 자기 생각을 글로 쓰는 습관은 삶에 있어서 커다란 도움이 된다. 책을 읽고 난 뒤에는 책 내용 중 인상적인 부분이나 깨달음을 얻은 문장을 노트에 적어가며 다시 한번 되새기면 책의 내용이 기억에 오래 남는다. 노트에 적어놓은 문장을 다시 한번 읽어보며 떠오르는 생각을 문장 옆에 기록하면서 저자가 하는 이야기와 내 생각을 비교하며 읽는 것도 좋다. 이렇게 기록한 내용은 기억뿐 아니라 삶에도 적용하려 노력하는 경우가 많아 '책을 제대로 읽었다'라고도 할 수 있다. 좋은 것은 나누면 배가 된다고 했다. 책 속의 내용이 나에게 울림을 주었다면 분명 나와 같은 울림을 받는 사람들도 있을 것이다. 그러므로, 책에서 본 내용과 내 생각을 담은 글을 다른 사람에게 공유하는 것은 선한 영향력을 발휘하는 것이다. 또한, 공유한 내용을 받은 사람이 자신의 의견을 회신한다면 내 생각과 또 다른 생각들을 들을 수 있는 일거양득의 효과를 얻게 된다. 다양한 분야에서 종사하는 다양한 사람들을 만나 서로의 생각을 들으면, 자기중심의 편향된 생각에서 벗어나 같은 내용을 읽어도 다양한 생각이 존재한다는 것을 또 한 번 깨닫게 된다.

다산 정약용은 책 읽는 방법에 대해 이렇게 말을 했다. "책을 읽을 때 왜 읽은 지부터 세우고 눈으로 읽지 말고 손으로 읽어라. 부지런히 필요한 부분을 쓰고 기록해야 생각이 튼실해지고 주견이 확립된다. 그때 그때 적어두지 않으면 기억에서 사라진다. 당시에는 요긴하다 싶었는데 다시 찾을 수가 없게 된다."

기록에 관한 이야기를 하면 정약용을 빼놓을 수가 없다. 그는 가히 조선 최고의 메모광이라 말할 수 있다. 틈만 나면 적었고, 생각이 떠오르는 대로 기록했다. 그는 늘 메모에 관한 중요함을 강조했고 수많은 메모 덕분에 500여 권이라는 어마어마한 양의 저서를 쓸 수 있었다. 또한, 정약용은 그 만의 독서법이 있었는데 그것은 바로 정독, 질서, 초서이다. '정독'은 글을 아주 꼼꼼하고 세세하게 읽는 것으로 한 장을 읽더라도 깊이 생각하면서 내용을 하나하나 알아가면서 읽는 방법으로, 책 속의 내용과 관련한 자료를 찾아보고 자신이 이해할 때까지 철저하게 내용을 파악하는 독서법이다. '질서'는 책을 읽다가 갑자기 떠오르는 생각이나 아이디어들을 적어가며 읽는 것을 말한다. 언제 어디서나 책을 읽을 때면 메모지나 책의 여백에 떠오르는 생각이나 깨달은 것이 사라지기 전에 기록하는 것이다. 다시 말해 질서는 메모하는 습관을 말한다. '초서'는 책의 중요한 구절을 그대로 노트에 필사하는 것으로, 한 권의 책을 읽더라도 자신의 공부에 도움이 되는 것은 적고, 그렇지 않은 것은 눈에 두지 않는 것을 말하며, 정약용이 가장 강조했던 독서법이다.

정약용의 세 가지 독서법은 제대로 된 책 읽기를 하는 방법을 말한 것이다. 정독은 누구나 잘 알고 있고, 아마도 학창 시절부터 학교 교과서를 정독으로 읽어 왔을 것이다. 그러나 질서와 초서의 독서 방법은 의외로 모르는 사람들이 많다. 또한, 정독보다 훨씬 더 어려운 독서 방법이다. 흔히 책을 읽을 때는 눈으로 읽게 된다. 책을 읽으면서 좋은 구절에 감동하고 깨달음을 얻지만 조금만 지나면 그 감동과 깨달음이 사라진다. 구절에 따라서 사라지는 시간의 길이는 다르겠지만 눈으로만 읽는 독서를 하면 머지않아 기억 속에서 사라지게 된다. 질서와 초서는 기억 속에서 잊혀가는 깨달음과 생각 그리고 중요한 구절을 계속 붙잡아 두는 독서법이다. 그저 시간을 보내기 위해 재미로 읽는 책이라면 모를까 자기계발서와 같은 삶의 지혜가 들어있는 책은 질서와 초서의 방법으로 읽어야 한다. 변화를 위해 선택한 책을 눈으로만 읽으며 책을 덮고 나면 기억나지 않는 독서를 한다면 재미로 읽는 책과 다를 바 없다. 질서와 초서의 방법으로 책을 읽고 공부하며 생활에 적용하는 독서를 한다면 자신이 원하는 삶으로 변화를 만들 수 있다. 남들이 다 잠들어 있는 시간인 새벽에 일찍 일어나 어렵게 만든 시간에 독서하려 했다면 질서와 초서의 방법으로 읽는 게 좋다. 그것이 자신을 더더욱 생산적이고 긍정적인 사람으로 만들어줄 것이다.

공저 책 쓰기 모임에서 처음 글을 쓰기 시작했을 때, 어떻게 써야 할지 막막해 작가이자 모임의 리더에게 상담을 요청했다.

"작가님! 글을 어떻게 써야 할지 감이 오지 않아 막막한데 어떻게 해야 하나요?"

내 질문에 작가는 이렇게 말했다.

"누군가에게 말을 하듯이 자신의 사례를 쓰고, 마지막에 자신이 하고 싶은 메시지를 써보세요. 조금 쉽게 느껴지실 거예요."

그 뒤로 '누군가에게 말을 하듯이'라는 말을 계속 떠올리면서 옆에 누군가가 있다고 생각하며 그에게 이야기하듯 글을 쓰기 시작했다. 그동안 표현력이 부족해 내 생각이나 이야기를 다른 누군가에게 전달하는 게 서툴러 앞에 나서서 얘기하는 걸 부담스러워했는데, 글을 쓰기 시작하면서부터는 내 생각과 이야기를 다른 사람에게 말과 글로 표현하려는 행동이 조금씩 나타났다.

내가 새벽에 책을 읽고 SNS에 공유하는 과정은 보통 이렇다. 책을 읽다가 인상 깊은 구절이나 생각이 떠오르는 구절이 있으면 책 읽는 것을 멈추고 해당 구절을 컴퓨터 메모장에 기록하고, 생각을 적어 나가기 시작한다. 막연히 떠오르는 생각을 먼저 기록한 뒤에 다시 한번 생각을 적어놓은 내용을 천천히 읽어본다. 책 속의 구절과 내 생각이 어떤 차이가 있는지 내가 해당 구절의 어떤 단어에서 생각과 감정이 생겨났는지 살펴본다. 다시 한번 살펴보면서 생각을 적은 글들을 다듬고 정리한다. 마지막으로 작성한 글의 내용을 한 문장으로 요약하여 SNS에 공유하며 마무리한다.

내 생각을 내가 알지 못하는 누군가에게 공유하는 것은 생각보다 쉬운 일이 아니다. 적어도 나에게는 그렇다. 다른 사람을 많이 의식하며 살아왔던 나는 내 생각을 남들에게 이야기하는 것은 무척 어려워했다. 얼굴도 모르는 누군가에게 내 생각을 공유하면 왠지 질타받을 것만 같았고, 그것으로 인해 마음의 상처를 받을 것만 같았다. 그래서, 처음 SNS에 글을 올렸을 때는 조심스럽게 읽은 구절만 올리고, 생각은 나만의 비밀공간에 저장했다. 시간이 흐르면서 알 수 없는 자신감이랄까? SNS에 인상 깊었던 구절만 올리던 것에서 내 생각을 조금씩 써나가기 시작했다.

SNS에 꾸준하게 글을 올리니 나의 글을 읽어주는 사람들이 하나둘씩 늘어났다. 누군가에게 쓴다고 생각하며 글을 썼지만, 사실 나에게 하는 메시지였다. 내가 작성한 글을 제일 먼저 읽게 되고, 글 속에 있는 메시지에 충실히 살아가야겠다는 생각으로 매일 실천하려고 노력하고 있다. 또한, 나의 글에 '감동했다', '공감한다', '응원한다'라는 내용의 댓글을 달아주는 사람들에게 답글을 쓰면서 '나도 누군가에게 선한 영향을 줄 수 있는 사람이 될 수 있겠구나' 하는 생각과 함께 더욱 허투루 살아선 안 된다는 생각이 들었다.

글을 쓴다는 것은 생각을 정리하는 것과 같다. 자기 생각을 글로 표현하면서 생각을 정리하고 처음과는 다른 생각들을 파생적으로 만들어 갈 수 있다. 또한, 글로 표현한 생각을 공유하면서 나와 다른 생각을 하는 사람들의 이야기를 듣고 잘못된 생각을 바로잡을 수 있게 한다. 독서가 좋다는 건 누구나 다 아는 사실이지만 자신만의 편향된 생각으로 혼자만의 독서를 하고 있다면 과연 그것이 좋은 독서 방법이라고 할 수 있을까? 책을 읽고 책에서 얻은 지식과 정보를 바탕으로 자기 생각을 함께 정리하며 깨달음을 얻고, 깨달을 바를 기록하고 다른 사람들과의 공유를 통해 다양한 생각을 듣고 자기 삶에 적용한다면 무엇보다 자신에게 더 큰 변화가 찾아올 것이다. 생각을 글로 써서 공유하는 건 다른 누군가에게 영향을 주기도 하지만 자신이 가장 먼저 그리고 가장 많은 영향을 받게 된다. 자기 자신을 위해서라도 생각을 글로 표현하고 공유해 보자. 누구보다 자신에게 가장 많은 변화가 일어날 것이다.

SNS 공유가 새벽 독서의 견인차 역할을 한다

요즘 자신들의 일상을 SNS에 사진이나 영상을 올리는 사람들이 많아졌다. 인스타그램, 네이버 블로그, 트위터, 페이스북, 티스토리, 브런치, 유튜브, 틱톡 등 다양한 SNS가 존재한다. 한때 SNS를 하는 사람들을 이해하지 못했다. 일면식도 없는 사람들에게 왜 그렇게 자신의 사생활을 노출하려고 하는지, 힘들게 얻은 지식과 정보를 공유해서 뭘 얻으려고 하는 건지 이해가 되지 않았다. SNS에 자신의 사생활을 공유하는 사람 중 SNS로 인해 피해까지 보는 뉴스를 접하면 더욱 그런 생각이 들었다. 그런데 막상 내가 직접 SNS에 공유하기 시작하니 잘만 활용한다면 나의 삶에 많은 긍정적인 효과를 줄 수 있다는 것을 알게 되었다. 이번엔 꼭 성공하자며 새로운 계획을 세우고 성공했을 때의 나를 생각하며 부푼 꿈을 안고 시작하지만, 오랜 시간이 지나지 않아 '상황이 변해서 이제는 하기 어렵겠다'라는 자기 위안으로 삼으며 자주 포기했다. 그런 나약한 나를 지금까지 오랜 시간 새벽 독서를 할 수 있게 만들어준 게 바로 SNS에 글을 올리는 작은 행동이었다. 혼자 할 때면 쉽게 포기하던 나에게 '누군가가 나를 지켜보고 있다.', '누군가가 나를 응원해주고 있다'라는 생각이 새벽 기상을 꾸준히 할 수 있는 원동력이 되었고, 독서를 통해 얻은 깨달음과 생각을 공유하며 누군가에게 선한 영향을 주는 사람이 될 수 있다는 생각이 들었다.

새해가 되면 많은 사람이 새해 계획을 세운다. 그러나 며칠이 지나면 다시 예전의 생활로 다시 돌아가곤 한다. 나 또한 그런 부류의 사람들과 크게 다르지 않았다. 독서하면서 '어떻게 하면 계획들을 달성할 수 있을까?', '좋은 것들을 습관으로 만들 수 있을까?' 하는 생각들을 많이 했다. 이런 생각을 하며 가만히 나 자신을 돌아보니 계획 대부분이 혼자 해야 하는 일이었다. 사람은 혼자 하다 보면 조금 힘들거나 어려운 상황에 놓이면 편한 상태로 돌아가고 싶은 회귀본능에 쉽게 무너진다. 그때 누군가가 옆에 있으면 서로 의지하며 지속할 수 있다. 그러나 늘 누군가와 함께하기란 쉬운 일이 아니다. 나와 성향이 비슷한 사람이 주변에 있어야 하며, 시간대도 맞아야 한다. 주변을 둘러보니 나와 이런 조건이 맞는 사람을 찾기가 쉽지 않았다. 계속된 고민 속에서 무언가 자신이 하고자 하는 일을 달성하는 방법의 하나가 "자신의 계획을 공개적으로 공표하는 것"이라는 글을 읽었던 기억이 떠올랐다. 그래서 나는 SNS에 나의 계획을 공유했다. 누군지 알지도 못하지만, 나의 계획을 공유하며 마음속으로 외쳤다. "이제부터는 내가 계획한 나의 목표를 누군가가 지켜보고 있다"라고 말이다. 그리고, 새벽 독서를 하면서 내가 읽었던 인상 깊었던 구절을 사진 찍어 하나씩 공유하기 시작했다.

새벽 독서가 끝나면 글쓰기를 한다. 독서 모임에서 만난 분들과 진행하는 공저 책을 쓰면서 처음으로 내 이름이 찍힌 책을 출판한다는 기대와 설렘으로 시작한 글쓰기가 점점 시간이 흐를수록 어렵고 힘들어졌다. 사례도 떠오르는 게 별로 없고 메시지는 어떻게 전달해야 할지 막막했다. 개인의 사례가 떠오르지 않으면 독서하다가 글의 주제와 유사한 내용을 찾아 인용해도 된다는 말이 떠올랐다. 그때부터 글쓰기를 위한 독서에 더욱 집중하기 시작했다. 쓰고 있는 글 주제와 관련한 많은 책을 읽고 인용할 수 있는 구절이 있는가를 열심히 찾았다. 그러나 생각보다 책에서 찾기도 쉽진 않았다. 많은 책을 읽었는데 인용할 만한 구절이 하나도 보이지 않고 시간만 흘러가니 조급함만 생겼다. '어떻게 하면 책에서 인용구를 잘 찾아낼 수 있을까?', '뭐가 문제일까?', '무엇을 해야 할까?' 하는 많은 생각이 들었다. 많은 고민 끝에 내린 하나의 방법은 책을 읽고 인상 깊은 구절을 찾으면 그 내용을 노트에 쓰고 떠오르는 생각을 책을 쓴다는 생각으로 글 쓰는 연습을 하는 것이었다.

그리고 글을 다 쓰면 SNS에 작성한 내용을 공유했다.

　나는 주로 인스타그램과 네이버 블로그를 사용한다. 정보통신 분야에서 일하기에 오래전부터 네이버 블로그, 티스토리, 페이스북, 인스타그램, 기타 등등의 많은 SNS 앱을 알고 있어 거의 모든 앱에 계정 등록이 되어 있었지만, 사용은 거의 하지 않았었다. 게시물을 공유하기보다 다른 사람들의 게시물을 보며 주로 정보 수집용으로 활용했기에 나의 계정에는 게시물이 별로 없었다. SNS를 하려면 꾸준하게 게시물을 올려야 하는데 어떤 내용으로 올려야 하는지 방향을 잡기 어려웠고, 게시물을 올리기 위해 시간을 많이 소모하는 것에도 부정적으로 생각하고 있던 터라 그저 다른 사람들이 올리는 게시물을 보기만 했었다. 또한, 불특정 다수의 사람이 본다는 점에도 거부감이 있어 나도 모르는 다른 사람들이 나에 대해 알고 있다는 게 불쾌해 SNS에 글을 쓰지 않았던 이유 중의 하나였다. 처음엔 새벽 독서를 하면서 생각이 떠오르면 컴퓨터 메모장에 기록했다. 가끔 기록했던 내용을 다시 보고 싶을 때가 있는데 컴퓨터가 없으면 읽어볼 수 없어 불편했다. 불편을 해소할 방법을 모색하던 중 어디서든 다시 볼 수 있게 온라인으로 옮겨보자는 생각이 들었다. 처음엔 내 생각을 드러내는 게 부끄러워 띄엄띄엄 공유하다, 내가 감명받은 구절이 다른 사람에게도 영향을 줄 수 있겠다는 생각에 자주 공유하기 시작했다. 본격적으로 시작한 SNS 매체는 인스타그램이었다. 내가 읽었던 책의 구절이 있는 부분을 사진으로 찍고 내용을 간략하게 적을 수 있는 매체로 인스타그램이 제격이라 생각했다. 인스타그램에 게시물을 처음 올릴 당시에는 생각까지 공유하는 게 어색해 감명받은 구절만 사진으로 찍어 공유했다. 나의 게시물을 보는 사람들이 늘어나면서 생각을 조금씩 공유했고 시간이 점점 흐를수록 생각의 글 또한 늘어났다. 가끔 내가 올린 게시물들을 쭉 돌아보며 '내 생각이 많이 변화하고 있구나' 하는 생각이 들었다. 또, 내가 공유한 책의 구절과 생각을 적은 글에 감명받았다는 댓글들을 보면서 '나의 행동이 다른 사람들에게 선한 영향을 줄 수 있구나' 하는 생각으로 바뀌었다. 그러면서 내가 올린 나의 글과는 다른 삶을 살아간다면 내 글을 읽는 사람들에게 거짓말하는 것으로 생각하며 더욱 나의 삶을 충실히 만들어 가려고 노력했다. 혼자 글을 쓸 때는 글의 내용과 다른 행동을 하는 경우가 종종 있었는데, 공유하기 시작하면서 공유한 글이 계속 머릿속에서 떠오르며 글의 내용과 다르게 행동하는 상황을 많이 줄여나갔다. SNS에 공유하는 작은 일이 나의 행동에 커다란 변화를 만들어주는 계기가 되었다.

새벽 독서를 꾸준하게 해보자고 시작했던 SNS가 나의 행동과 의식을 변화시키고 나의 삶 또한 과거의 나와는 다른 삶으로 변화시키고 있다. 누군가는 SNS로 인해 삶이 망가져 위험하다고 한다. 또 다른 누군가는 자신의 사생활이 노출되는 거라며 좋지 않은 것이라는 말을 서슴없이 한다. 그러나 나의 경우와 같이 선한 영향력을 미치는 도구로 활용하면 그 누구보다 자기 삶이 긍정적인 방향으로 변화시킬 수 있다. SNS가 나쁘다는 말만 듣고 선입견을 품지 말고 좋은 점을 발견하고 활용하는 지혜를 가졌으면 한다. 혼자 하면 쉽게 포기하지만 함께하면 오랫동안 지속할 수 있다. SNS에 공유하는 행동이 나의 새벽 기상과 함께 꾸준히 독서하게 만드는 동기와 다른 누군가에게 선한 영향력을 만들고 있다. 만약 끈기가 부족하다고 느끼는 독자가 있다면 자신의 다짐과 생각들을 SNS에 공유하며 누군가가 자신을 응원하고 함께 하고 있다는 생각으로 꾸준하게 계획한 것을 실천하길 바란다.

바쁘더라도 새벽 독서, 건너뛰지 마라

무엇이든 꾸준하지 않으면 다시 원래의 모습으로 돌아가는 습성이 있다. 한 번 건너뛰면 두 번 하고 싶고, 두 번 하면 세 번, 네 번이 되면서 결국 다시 예전의 모습으로 돌아가는 게 인간의 심리이다. 아무리 바쁜 상황이 있어도 분명 틈새 시간은 있다. 바쁘다는 이유로 자기 합리화를 하며 건너뛰기 시작하면 그동안 쌓아놓은 공든 탑이 무너지듯 내 안에 지펴놓은 불씨가 꺼져갈 것이다. 삶의 변화를 위해 시작한 독서라면 아무리 바빠도 빼먹지 말아야 한다.

바쁜 현대사회를 살아가는 직장인은 늘 피곤해하고 힘들어하며 하루하루를 버틴다. 계속 늘어가는 업무를 업무시간이라는 제한된 시간에 마치기 위해 열심히 일한다. 시간이 여유롭지 못해 다양한 아이디어나 계획들을 실천하기가 쉽지 않다. 쏟아지는 업무량을 소화하기 위해 야근하거나 주말에도 근무하는 일이 다반사다. 이런 정신없는 상황에서 일하고 마무리한 결과물은 어떨까? 시간적인 문제도 있겠지만 일에 제대로 집중할 수 없는 것이 가장 큰 문제이다. 한 가지 일에만 집중하여 끝내고 싶지만 이내 곧 또 다른 일이 생긴다. 직장인에게 한 가지 일만 한다는 것은 크나큰 행운일 것이다. 회사의 규모가 커서 어느 정도 받쳐주더라도 고용되는 인력의 한계로 인해 직원들은 업무 강도가 높아지고 추가 고용도 없는 상황에 퇴사하는 직원이 발생하면 퇴사한 직원의 일은 결국 남은 사람에게 돌아간다. 자신이 맡은 일도 다 끝내지 못하는 상황에 다른 사람의 일까지 떠맡게 되는 이중 삼중으로 일하는 고된 삶을 살아가는 것이 직장인의 삶이다.

맡은 일을 힘들게 다 끝내더라도 즐거움보다 정신적으로 지쳐 아무것도 하지 못하는 경우가 발생하곤 한다. 사무실에서 온종일 가만히 앉아서 일하는 것이 좋아 보일지 몰라도 정신적인 노동은 상당하다. 퇴근하고 직장동료와 한잔하거나 회식이라도 있는 날은 모두 마치고 집에 들어가면 지쳐 쓰러진다. 침대에 누워 눈을 감고 다시 눈을 뜨면 벌써 다음 날 아침이 찾아온다. 이런 날은 허둥지둥 회사 출근 준비에 분주하다. 어쩌다 일찍 퇴근한다고 하더라도 무엇을 해야 할지 몰라 집에 들어가 결국 TV에서 나오는 아무 의미 없는 영상과 함께 맥주를 마시며 시간을 소비한다. 매일 이런 일들을 다람쥐 쳇바퀴 돌 듯 일상을 반복하는 것이 직장인들의 현실이다. 요즘의 직장인들은 늘 휴식이 필요하다고 외친다. 그러나 정작 시간이 주어지면 어떻게 써야 한지 모른다. 새벽은 어쩌면 휴식과도 같은 시간이다. 새벽의 상쾌한 공기를 마시며 자신의 미래를 꿈꾸는 시간이야말로 진정한 휴식이 될 것이다.

나 또한 평범한 직장인으로 매일 매일 업무에 시달리며 스트레스를 받고 하루가 지나가면 또다시 힘든 내일이 찾아오는 그런 일상을 지내며 살아왔다. 매년 새해가 되면 원대한 꿈을 가지고 부푼 기대를 안고 거창하게 운동, 영어 공부, 독서와 같은 남들도 다 생각하는 그런 계획을 세운다. 올해는 지금까지와는 다른 삶을 살겠다는 다짐을 하며 새해를 맞이하지만, 며칠이 지나면 언제 그랬냐는 듯이 업무에 치여 다시 예전의 삶으로 돌아가 버리곤 했다. 그런데 새벽 독서를 하기 시작하면서부터는 나의 삶이 조금씩 달라지기 시작했다.

처음 시작은 어려웠다. 새벽 기상과 함께 루틴을 만들고자 시작한 새벽 독서는 며칠 가지 못했다. 처음 시작은 평일에 새벽 독서를 하고 주말에는 예외를 두었다. 예전부터 잠이 많았던 나는 주말을 보내고 난 월요일 새벽마다 잠의 유혹에 한 번 두 번 넘어가더니 이내 얼마 지나지 않아 버티지 못하고 다시 잠을 선택했다. 아침에 눈을 뜨고 분주하게 출근 준비를 하면서 이 정도도 하지 못하는데 뭘 할 수 있겠느냐며 자신을 자책했다.

며칠 동안 마음을 추스르고 다시 도전했다. 이번엔 주말도 예외를 두지 않았다. 너무 졸리고 피곤하면 새벽 독서를 마치고 다시 잠을 자는 한이 있더라도 일단은 일어나서 새벽 독서를 했다. 이번엔 처음 도전할 때보다 오래 갔다. 그러나 회사에서 진행하던 프로젝트가 인력이 빠지면서 점점 바빠지기 시작했다. 프로젝트 마감일은 다가오는데 인원은 부족한 상황이라 나를 포함하여 남은 팀원들이 일을 마무리해야 하는 상황이었다. 아무리 일정을 계산해도 정규시간에만 일해서는 마감일까지 모든 일을 다 하기엔 턱없이 부족했다. 결국, 무리한 일정을 세울 수밖에 없었다. 매일 밤늦게까지 야근하고, 때로는 새벽까지 작업해야 하는 상황이 되었다. 밤늦게 들어가면 지쳐 쓰러졌고 다음 날 새벽에 잠깐 눈을 떴지만 일어날 수가 없었다. 프로젝트는 힘겹게 끝이 났지만, 프로젝트를 하는 동안 한 번 두 번 건너뛰기 시작한 것이 어느샌가 새벽 독서는 없었던 일처럼 예전의 일상으로 다시 돌아갔다.

세 번째 도전을 다시 시작하기까지 오랜 시간이 걸렸다. 게으른 것도 있고 회사 일에 지친 몸 상태를 회복하는데도 상당 시간이 필요했다. 몸이 어느 정도 회복되고 다시 새벽 기상을 시작했다. 이번에도 마찬가지로 예외를 두지 않았고, 피곤하고 힘들더라도 조금만이라도 책을 읽고 다시 잠을 자더라도 무조건 일어나기로 했다. 새벽에 눈을 뜨면 무조건 자리에서 일어났다. 잠을 떨치기 위해 스트레칭을 간단히 하고 책을 펼치고 필사하기 시작했다. 필사하면 몸을 계속 움직일 수 있으니 잠이 깰 것 같다는 생각에 새벽 필사를 하기 시작했다. 내 생각은 적중했다. 보통 책의 한 꼭지가 6~7페이지 정도 되는데 필사를 하는 데 걸리는 시간은 대략 20~30분 정도 걸린다. 필사하며 책 내용에 집중하며 손가락과 눈, 그리고 뇌가 동시에 움직이니 잠이 점점 달아났다. 너무 피곤한 날은 필사하는 내내 눈이 뻑뻑하고 눈물이 계속 나와 필사를 마치면 눈을 감고 있다가 다시 잠이 들기도 했지만, 필사가 끝나면 잠에서 완전히 깬 상태가 되어 글을 쓰거나 책 읽는 시간으로 자연스레 연결되었다. 덕분에 지금까지 꾸준하게 새벽 독서를 유지하고 있다.

처음 도전은 하루도 빠짐없이 매일 하는 건 어려울 거로 생각하며 주말에 예외를 둔 게 내 안에 잠들어 있던 게으름이 깨어나 실패했고, 두 번째는 회사 일로 인한 외부 환경에 의해 벌어진 상황이지만 계속 유지할 수 없는 나약함이 있다는 걸 깨달았다. 세 번째는 앞서 시도했던 도전에 실패를 반성하고 더 나은 방법을 찾아 보완하여 지금까지 유지하고 있다. 만약 계속된 도전을 하지 않고 나는 원래 이런 놈이라고 생각하며 포기하고 다시 도전하지 않았다면 지금 이 책을 쓰고 있는 나는 존재하지 않았을 것이다. 앞으로 또 어떤 난관이 닥쳐올지 모르겠지만 나는 어려움을 극복할 방법을 찾고 다시 도전할 것이다.

나의 올해 목표는 새벽 독서를 습관으로 장착하는 것이었다. 많은 사람이 매년 새해가 되면 부푼 꿈을 가지고 많은 목표를 세운다. 그리고 며칠 동안은 열심히 실천하지만 오래 가지 못하고 포기하고 만다. 그리고 더는 도전하지 않고 한 해를 그냥 보낸다. 그해 마지막이 되면 그때 좀 더 열심히 할 걸 하는 생각과 함께 한 해를 후회하며 마지막을 보낸다. 그리곤 다시 새해를 맞이하며 또다시 계획을 세우지만 매년 똑같은 결과를 반복한다. 목표를 세우고 실천하다 보면 수많은 어려움을 만나게 된다. 그때마다 포기한다면 자신이 하고자 하는 그 어떤 일도 이루지 못하게 될 것이다.

누구나 실패를 경험한다. 중요한 건 그 실패를 딛고 다시 일어설 수 있는 용기이다. 내가 새벽 독서를 지금까지 유지할 수 있었던 비결은 포기하지 않고 계속 도전했기 때문이다. 실패하고 반성하며 실패를 반면교사 삼아 더 나은 방법을 찾아 다시 도전해라. 목표를 달성하는 가장 좋은 방법은 목표했던 일을 달성할 때까지 계속 도전하는 것이다.

제5장
한 번뿐인 삶, 새벽 독서로 바꾼다

몰입 독서로 삶의 아이디어를 재창조한다

작은 차이가 큰 결과를 만든다. '생활의 달인'이라는 프로그램을 보면 달인들은 자신들의 직장이나 일상생활 속에서 남들과 똑같은 일을 하면서도 작은 차이를 만들어 자신만의 차별성을 갖는다. 그 작은 차별성을 꾸준히 노력하여 숙련도를 높여 커다란 결과를 만들어 '달인'이라는 호칭으로 불린다. 이들은 높은 학력을 가진 것도 아니고 뛰어난 두뇌를 가진 것도 아니다. 그저 자신의 일상에서 오랜 경험과 관찰을 통해 자신만의 것으로 삶을 만들어 간 것이다. 생활의 달인처럼 인생에 성공하는 사람들은 대부분 독서가이다. 그들이 공통으로 하는 이야기 중 독서가 지금의 자신을 만들어 주었으며 자기 삶을 변화시킨 가장 큰 원동력이라고 한다. 그렇다면 그들은 어떻게 책을 읽으며 삶을 변화시킨 걸까?

세상에는 자기 계발을 위한 도구는 무수히 많이 있다. 그러나 마인드를 변화시키고 의식을 확장해 자기 내면까지 변화시킬 수 있는 유일한 도구는 독서라고 생각한다. 책은 우리에게 단순히 지식만을 전달하는 것이 아니다. 지식 전달을 목적으로 쓰인 책도 있지만, 책이 훌륭한 도구라고 말하는 이유는 책을 읽음으로써 의식의 변화를 일으켜 내면에 존재하는 자신도 몰랐던 또 다른 긍정적인 자신을 발견하도록 도와주는 데 있다. 긍정적인 자신을 발견하며 행동의 변화로 연결되어 다양한 삶의 아이디어로 자기 삶을 재창조하게 된다.

독서를 처음 시작했을 무렵 책과 친해져야 한다는 생각도 있었지만 많은 양의 책을 읽어야 좋다고 생각했다. 책을 손에서 최대한 떨어지지 않도록 항상 책을 들고 다녔고 틈이 나는 대로 책을 읽었다. 책을 다 읽으면 거실에 있는 책장에 꽂아놓고 다음 책을 바로 읽어 나갔다. 어느 정도 책 읽는 것에 익숙해지던 어느 날 내가 읽었던 책들이 꽂혀있는 책장을 둘러봤는데 책 내용이 거의 기억나지 않았다. 심할 때는 제목을 처음 본 듯한 책도 있었다. 분명 읽은 책을 넣는 책장과 읽어야 할 책들이 있는 책장을 분리했고, 완독한 책은 읽은 책장으로 읽어야 할 책은 대기 중인 책장으로 옮겨서 관리했다. 참 귀신이 곡할 노릇이었다. '내가 책을 잘못 관리했나? 아니면 가족 중 누군가가 책을 옮겨 놓은 건가?' 이런 생각을 하며 처음 본 듯한 책을 집어 다시 읽었다. 책의 중반쯤이 넘어가니 어렴풋이 내용이 기억났다. 정확히 말하면 어디선가 들었던 것 같은데 하는 정도의 기억이었다. 기억을 더듬어 보니 추천받았거나 책 속에 나오는 책을 읽어봐야지 하고 구매했던 책들이었다. 책을 읽다 보니 '이 좋은 내용이 왜 기억이 하나도 나지 않지?', '내가 책을 제대로 읽는 건가?', '이렇게 책을 읽으면 무슨 의미가 있지?' 하는 생각들이 머릿속으로 비집고 들어왔다. 독서를 하는 사람이라면 아마도 이런 경험 한 번쯤은 있었을 것이다.

분명 책은 삶에 많은 도움과 함께 변화를 일으키는 매개체가 된다는 것에는 그 누구도 부인하지 않을 것이다. 성공한 많은 사람이 변함없이 하는 행동 중의 하나가 책을 읽는 것이기 때문이다. 그런데, 책 속에 들어있는 무궁무진한 지식과 지혜들을 스쳐 지나가듯 읽는다면 아무런 지식도, 지혜도 얻지 못하고 시간만 낭비하게 된다. 내가 처음 책과 친해지기 위해 했던 행동처럼 익숙해지기 위한 행동이라면 어느 정도는 괜찮다고 생각하지만, 많은 양의 책을 읽었다는 만족감에만 빠져 계속 책을 속독하며 겉핥기식으로 읽는다면 삶의 변화는 끌어내기 힘들다.

책 읽는 것에 익숙해지면 일정 시간을 만들어 집중하는 독서를 해야 한다. 이미 책에 익숙해져 있어 집중하면서 책 읽는 게 힘들지 않을 것이다. 이때 조심해야 할 건 집중하는 시간에만 책을 읽으면 안 된다. 집중하는 시간에만 책을 읽으면 이전보다 읽은 책의 양이 줄어들면서 힘들게 만들었던 친숙함이 지루함으로 바뀔 수도 있다. 집중하는 시간을 만들어 독서하며 내용에 좀 더 집중해야 한다는 것이지 그때만 읽으라는 것은 아니니 오해는 없길 바란다. 책의 내용에 집중하며 읽는 게 바로 몰입 독서이다. 몰입 독서를 하면 저자의 생각과 의식이 나의 머릿속으로 전달된다. 책을 통해 이야기하는 저자의 메시지가 마치 나에게 하는 것으로 들리고 저자의 경험이 나의 경험이 된 것처럼 온몸으로 느끼게 된다. 몰입 독서를 통해 얻은 경험과 지식을 바탕으로 실천으로 연결하면 나의 인생도 하나씩 변화됨을 느낄 수 있다.

평소 문제를 해결하려고 집중하고 있으면 어느 순간 주변의 소리가 들리지 않을 정도로 몰입상태로 빠져드는 경우가 있다. 몰입상태가 되면 오직 문제와 나 자신만이 존재하는 공간에 들어가 있는 듯한 느낌이 들면서 문제 해결을 위한 아이디어가 번뜩 생각날 때가 있다. 이때 떠오르는 아이디어나 정보는 완전히 새로운 무언가가 탄생하기보다는 자신은 인지하지 못했지만, 평소에 겪었던 경험들이 바탕이 되어 떠오르는 것이다. 많은 경험이 쌓이면 평소에는 자신도 모르는 내면 깊숙한 어딘가에 잠들어 있다가 발생한 문제에 대한 문제의식을 느끼고 깊게 고민하다 보면 깊숙이 잠들어 있던 경험 속에서 해결을 위한 아이디어로 나타나는 것이다.

새벽은 나를 돌아보기 가장 좋은 시간이라고 앞서 많이 언급했다. 그리고, 새벽은 나를 방해하는 요소들이 거의 없는 하루 중 몰입이 가장 잘되는 시간이기도 하다. 또한, 남들이 자는 시간에 나는 미래를 위해

한 걸음 더 나아간다고 생각하면, 더욱 나 자신에게 충실해지는 시간이기 되기도 한다. 몰입상태에 들어가면 분명 잠재된 나의 능력이 발현되고 해결되지 않을 것만 같았던 문제의 해결방안도 떠오른다고 했다. 인생에 있어 가장 큰 고민은 자신의 미래일 것이다. 새벽 시간을 통해 나의 삶을 문제의 중심으로 놓고 과거를 돌아보고, 미래를 고민하며 몰입하게 되면 분명 수많은 아이디어가 떠오를 것이다.

　독서는 삶에 아이디어와 영감을 가져다준다. 당연한 이야기지만 수많은 사람의 자신이 경험했던 내용과 경험 속에서 느꼈던 생각들을 글로 기록하여 하나의 책으로 만들기 때문이다. 아이디어는 무에서 창조되는 경우는 거의 없다고 생각한다. 특정 사물이나 사람, 상황, 과거 등을 관찰하며 자기 경험과 느낌에 생각들이 합쳐지면서 만들어진다. 특히 삶의 아이디어는 다른 사람들의 경험이나 느낌, 생각 등을 보고 들으면서 자기 삶에 적용하며 얻어지는 것이 삶의 아이디어이다. 아무런 방해를 받지 않는 새벽에 몰입 독서를 하면서 책 속에 있는 수많은 지식과 지혜를 삶의 아이디어로 만들며 그동안 후회했던 삶을 재창조해 보는 건 어떨까?

아이디어로 새로운 도전이 이어진다

창의적인 아이디어는 고요한 시간에 가장 많이 떠오른다. 하루 중 가장 고요한 시간은 새벽 시간이다. 많은 연구에서도 새벽에 창의적인 활동을 하는 것이 좋다고 이야기한다.

직장을 다니면 많은 에너지가 소모된다. 새로운 업무에 적응하고 처리하는 과정에서 신체적이나 정신적으로 많이 지칠 수밖에 없다. 온종일 업무에 지쳐 퇴근하면 새로운 생각이 떠오르기보단 그저 아무것도 하고 싶지 않다는 생각이 앞설 것이다. 그러나 밤새 푹 잠을 자면서 머리를 식히고 일어난 새벽에는 머리가 맑고 상쾌한 기분이 든다.

회사의 경영자들이 모이는 조찬 모임이 있다. 그들은 이른 아침에 모여 조식을 먹으며 다양한 강연을 듣는다. 강연이 끝나면 삼삼오오 모여

서로의 회사 비즈니스에 관해 이야기를 나눈다. 이 과정에서 다양한 아이디어를 얻어 회사 경영에 적용하기도 한다. 비록 여러 가지 상황상 조찬 모임에는 참석할 수 없는 환경에 있더라도 독서를 통해 많은 사람의 이야기와 경험을 얻을 수 있다. 메모지나 노트를 미리 준비하여 독서하면서 얻은 깨달음과 아이디어를 바로 메모하여 그렇게 얻은 지식에 자기 생각을 덧붙이면 새로운 아이디어로 만드는 데 도움이 많이 된다. 그렇게 만들어진 아이디어를 행동으로 실천하며 새로운 도전으로까지 이어진다면 직장생활에도 활력소가 되어 많은 성과를 이룰 수 있다.

나는 머릿속에 뭔가 떠오르면 되도록 실행하려고 하는 편이다. 회사에서 업무 중에 인터넷을 검색하거나 새로운 정보를 얻으면 내가 이해한 것이 맞는지 이해한 내용을 토대로 간단하게 만들어 본다. 만들어가는 과정에서 또 다른 배움을 얻기도 하고 미처 생각하지 못했던 새로운 아이디어가 떠오르기도 한다. 많은 사람이 성공한 아이템을 보면 자신이 예전부터 생각했던 것이라고 말을 하는 경우가 종종 있다. 누구나 좋은 아이디어는 가지고 있다. 사람은 누구나 자신만의 경험이 있고, 아이디어는 자기 경험을 토대로 생산적인 고민이 덧붙여 만들어지기 때문이다. 그러나 아이디어는 머릿속에만 있어서는 안 된다. 심하게 표현하면 생각을 아예 안 한 것보다 더 안 좋다고 생각한다. 아이디어가 성공으로 이어가기 위해 가장 먼저 해야 할 것은 생각에서 멈추지 말고 행동으로 이어지기 위한 용기를 내는 것이다.

눈앞에 보이는 높은 산의 정상으로 가기 위해서는 가장 먼저 첫발을 내딛는 것부터 해야 한다. 좋은 아이디어가 있다 하더라도 행동하기 전까지 수만 가지의 부정적인 생각들이 떠오르며 방해한다. 그러나 떠오르는 생각들을 극복하고 실천하면 무언가는 반드시 얻는다. 설령 자신이 생각한 일이 실패로 끝나더라도 실패 속에서 많은 배움을 얻을 수 있다. 실패를 통한 배움으로 다음에 다시 도전하면 된다. 그리고 실천하는 과정에서도 새로운 배움을 얻을 수 있고 배움 속에서 또 다른 아이디어가 샘솟는다. 삶의 긍정적인 방향으로 가는 선순환을 만들기 위해 가장 좋은 방법은 실천하는 것이다. 자신이 바라는 것이나 새로운 아이디어가 떠오르면 달성하기 위해 매일 꾸준히 행동하고 실천하면 반드시 성공하게 되어 있다.

하루 한 꼭지 필사라는 작은 실천이 이 책을 쓰고 있는 지금의 나를 만들었다. 우연한 기회로 만난 공저 책 쓰기 모임을 통해 필사를 시작하였고, 그렇게 시작한 필사가 매일 글을 쓰는 습관을 만들어주었다. 책마다 차이는 있지만 보통 한 꼭지를 필사하는 분량은 대략 A4용지 2장 분량이다. 컴퓨터로 생계를 유지하는 직업을 가지고 있다 보니 키보드 자판을 치는 것에 익숙한 나는 손 글씨도 아닌 키보드로 치는 필사는 어려운 일이 아니었다. 한 꼭지 정도의 분량을 키보드로 다 치면 30분이 채 걸리지 않는다. 모임에서 필사를 진행한 기간은 7일 동안 총 7

개의 꼭지를 쓰는 것이었다. 글을 쓰는 근육을 만들기 위해 진행하는 과제였지만, 나는 과제 기간이 끝난 뒤로도 꾸준히 필사했다. 필사하는 동안 내용에 좀 더 집중하여 책을 읽는 느낌이 들어 좀 더 필사해봐야 겠다고 생각하며 책의 나머지 부분을 계속 필사하면서 읽어 나갔다. 한 권의 책이 다 끝나갈 무렵, 한 권으로는 부족한 듯하여 다음 책을 선정해 계속해서 필사를 이어 나갔다. 몇 권의 책을 필사하니 단순히 책에 있는 문장을 있는 그대로 컴퓨터 자판으로 치는 필사도 책의 내용을 좀 더 집중해서 읽을 수 있다는 것을 깨달았다. 또한, 책에 쓰여있는 문단의 서론-본론-결론 구조가 어떻게 이루어지는지도 알게 되면서 나도 글을 쓸 수 있겠다는 자신감을 얻었다. 자신감과 함께 글을 쓰는 근육이 조금씩 생기면서 하루에 한 문단이라도 내 글을 쓰자고 결심하며 본격적으로 공동저서를 써 나아갔다.

책을 그대로 베껴 쓰는 필사가 어찌 보면 단순한 행동이지만 필사를 함께하며 읽는 독서를 통해 그동안 알지 못했던 책의 또 다른 매력을 느끼게 했다. 에세이나 자기계발서와 같은 분야의 책을 필사하는 것을 시작으로 글쓰기와 관련한 책들까지 필사하며, 좀 더 깊이 있는 독서를 하면서 책을 통해 배운 새로운 지식을 바탕으로 나만의 생각을 덧붙여 공동저서를 넘어 개인 저서까지 쓰는 새로운 도전으로 이어졌다. 이처럼 단순히 필사하는 독서로 시작된 작은 아이디어가 개인 저서를 쓰기까지의 도전으로 이어지듯 아이디어가 새로운 도전을 만들어 간다. 아이디어는 생각으로 끝나는 것이 아니라 그것을 실천했을 때 그 경험을 바탕으로 새로운 아이디어와 함께 도전으로 이끈다. 독서와 함께하는 새벽은 실천으로 이끄는 무수히 많은 아이디어를 떠오르게 하니, 새벽 독서를 통해 나만의 아이디어로 새로운 일에 도전해 보기를 적극 추천한다.

막연했던 목표가 명확해진다

'당신의 미래는 어떤가요? 은퇴 후 무엇을 할 것인가요?'

새벽 독서를 하면서 나는 이 두 가지 질문에 대한 답을 찾고자 많이 고민했다. 지금처럼 직장을 다니며 주어진 일만 하는 건 나 자신보다 회사를 위한 것이라는 생각이 들었고, 생각하면 할수록 하나의 부속품에 지나지 않았다. 부속품은 용도가 떨어지면 다른 부속품으로 교체된다. 다시 말해, 언젠가는 은퇴해야 하는 시기는 분명히 올 것이며 그 후에 회사가 나의 미래를 책임져주지 않는다는 것이다. 새벽에 일어나 독서하면서부터는 언제 올지 모르는 불안한 미래를 걱정만 해서 안 된다는 생각으로 나의 미래에 대한 답을 찾으려 부단히 고민하고 몰입하며 책을 읽었다.

매일 반복적인 일상 그리고 불안한 미래를 걱정만 하던 나에게 새로운 목표를 찾을 수 있게 만들어주었다. 아무 생각 없이 읽었다면 그저 그런 평범하게 들릴 수 있었던 이 말이, 그동안 늘 '생계를 위해서'라는 이유로 직장에서 하고 싶지 않은 일도 해야 할 수밖에 없었던 나에겐 새로운 울림을 주었다. 아무 생각 없이 일상을 보내며 스스로가 회사의 부속품이 되어가고 있었는데, 이 책을 만나면서 '내가 진정으로 하고 싶은 일이 무엇일까?'에 대해 고민이 시작되었다.

그런데 막상 고민을 시작하니 아무것도 생각나는 게 없어 책에서 그 답을 찾고자 더욱 치열하게 독서했다. 책을 읽으면서 내 생각을 조금씩 글로도 쓰기 시작했다. 책에서 읽은 내용을 바탕으로 깨달음을 얻거나 생각이 떠오르는 대로 글을 썼다. 짧은 문장이지만 글을 꾸준히 쓰다 보니 글 쓰는 데 재미가 생기기 시작했다. 글 쓰는 걸 습관으로 만들고자 새벽에 일어나 독서하고 조금씩이라도 내 생각을 글로 쓰려고 매일 노력했다. 일기 형식의 글쓰기였지만 나를 돌아보고 나를 알아가는 과정이 즐거웠다. 때로는 책 속의 내용보다 나의 하루 일상을 기록하며 화가 나거나 속상한 일들을 글쓰기를 통해 자신을 위로하기도 하고, 즐거운 일이 있으면 기뻐하기도 했다. 가끔 내가 쓴 글을 다시 읽다 보면 부끄럽기도 하지만 '그때 내가 이런 일이 있었고 이런 생각을 했었구나' 하며 나를 다시 돌아보는 계기가 되기도 했다. 그동안 사람들과 이야기할 때면 하고 싶은 말을 다 하지 못하고 살아왔는데, 글쓰기는 나에게 또 다른 세상을 안겨 주었다. 어릴 적부터 사람들의 눈치를 많이 보며 자라온 탓에 하고 싶은 말이 있어도 상대방이 불편해하거나 오해할까 봐 속으로 삼키고 혼자 감내하며 살아왔다. 가끔 속에서 부하가 치미는데 하고 싶은 말을 정확하게 표현하지 못할 때 올라오는 스트레스는 경험해보지 않으면 모른다. 이런 스트레스를 혼자 감내하다 보니 속병을 앓기도 했다. 글쓰기를 하면서부터 이런 스트레스가 조금씩 줄어들었다. 다른 사람에게는 차마 하지 못하는 이야기를 혼자만의 비밀 공간에 글로 쓰면서 나 자신과 대화하고 나면 속이 후련했다. 독서하면서 기록하고 싶은 문장이나 깨달음을 얻은 문장을 만날 때면 반드시 문장과 함께 내 생각을 덧붙였다. 책 속의 문장이 나에게 해주는 말과 함께 내가 어떤 생각을 가져야 하고 어떤 행동을 해야 하는지를 다시 한번 나 자신에게 이야기하듯 글을 써나갔다. 글을 쓰다 보니 사람들과 대화하는 과정에서도 상대방의 이야기를 듣고 내 의견을 자신 있게 말하는 나의 모습을 발견하기도 했다. 독서 모임에서 공저 책 쓰기를 한다고 했을 때 참여할 수 있었던 것도 서투르지만 혼자만의 글쓰기를 했던 경험이 '책도 쓸 수 있지 않을까'라는 용기를 내게 해준 걸지도 모른다.

내가 책 출판과 관련한 버킷리스트를 작성했던 것은 20대 시절이었다. 당시에는 그저 책은 성공한 사람들이 쓰는 것이라 생각에 책을 성공과 동일선상으로 바라보며 생각했던 버킷리스트였다. 그러나, 시간이 지나면서 성공을 떠나 책 쓰는 그 자체도 굉장히 힘든 일이라는 것을 알게 되면서 책을 쓰는 일은 마음속 깊은 곳에 있는 하나의 막연한 꿈으로 변해갔다. 그러던 어느 날 우연히 기회가 찾아왔다. 독서 모임에서 《내 인생 첫 책 쓰기 비법은 필사이다》,《A4 2장 쓰면 책 1권 쓴다》,《인생을 바꾸는 글쓰기의 마법》등 다수의 책을 출간한 작가가 독서와 관련한 주제로 공동저서를 쓰는 프로젝트 성격의 모임을 추진하는 것이었다. 모임 인원 참여 공지를 보면서 수없이 망설였지만, '이때가 아니면 다시는 없을 기회일 수 있다'라고 생각하며 용기 내어 참여 의사를 밝히고 모임에 참여했다. 비록 공저였지만 나의 버킷리스트 중 하나였던 책을 쓰는 것에 도전했고, 그저 버킷리스트에만 있었던 막연했던 꿈의 성공을 위해 한 걸음 나아가기 시작한 것이다. 책의 목차가 어떤 의미를 지니며 어떤 형태로 만들어야 하고, 꼭지 글의 서론-본론-결론은 어떻게 구성해야 하는 것을 하나씩 알아갔다. 일기와 같은 혼자만의 글을 쓸 때는 이런 걸 고민하지 않고 그저 생각나는 대로 썼는데, 막상 책을 쓰다 보니 많은 부분에 신경을 써야 한다는 걸 알게 되었다. 공저 책 쓰기를 하면서 서투르던 글쓰기가 체계 있는 글쓰기로 변화하기 시작했다. 또한, 자신감도 생겨 그동안 비현실적인 꿈이라고만 생각했던 '개인 저서 출간'이라는 새로운 도전으로 이어졌다. 필사와 함께한 새벽 독서라는 작은 실천이 개인 저서 출간이라는 꿈에 도전까지 이어진 것이다. 새벽 시간에 이 글을 쓰고 있는 나는 나의 꿈을 향해 한 걸음씩 나아가고 있다고 믿고 있다. 그런데, 새벽 시간에 자기의 꿈을 향해 가는 이들이 나만이 아니었다. 이미 새벽 시간에 일어나 자신만의 꿈을 향하여 한 걸음씩 나가는 사람들이 전국 곳곳에 있었다. 삶의 변화를 위해 선택했던 새벽 독서가 새벽 시간을 활용하며 기운찬 하루를 가질 수 있다는 즐거움을 일깨워주었고, 새벽을 여는 사람들과의 다양한 관계도 만들어주었다. 새벽을 여는 그들도 자신의 꿈을 이뤄가는 과정을 겪으면서 즐거움을 느끼고 공유하며 함께하는 새벽을 만들고 있다.

하루하루가 바쁘게 돌아가고 어제와 오늘이 다르게 변화되고 있는 이 세상에서 '나'라는 존재에 대해 얼마나 생각하며 살아가고 있는가? 아마도 대부분은 '나'라는 존재는 잊고 살아가고 있다고 해도 과언이 아닐 것이다. 나를 돌아보고 나를 이해하는 시간을 만들어 '내 안에 존재하는 또 다른 나', '진정한 나다움'은 무엇인가를 하나씩 알아 가보자. 과거 자신이 바라지 않았던 자기 모습에서 벗어나 새로운 나를 찾기 위한 꾸준한 노력이 필요하다. 자신이 바라는 가장 행복한 모습은 어떤 것인가를 진지하고 고민해야 한다. 변화는 그것을 만들려고 하는 사람에게 나타난다. 책 속에는 이미 앞서 변화를 꿈꾸며 새로운 나를 찾아가고 있는 수많은 사람의 이야기가 있다. 다른 방해 요소가 없는 새벽에 독서를 통해 내면에 숨어있던 또 다른 나를 만나기도 한다. 또 다른 나와의 대화를 통해 자신이 진정으로 바라는 일이 무엇인가를 찾을 수 있을 것이다. 멋지고 성공한 인생을 꿈꾸는 새로운 제2의 인생은 그렇게 시작된다. 새벽 독서는 제2의 인생을 시작하려는 모든 이들에게 커다란 길잡이가 될 것이라고 나는 굳게 믿는다.

명확한 목표로 하루 생활이 분명해진다

대부분 직장인의 삶이 다음과 크게 다르지 않으리라 생각한다. 평일은 아침에 눈 뜨면 출근 준비로 시작해서 밤늦게 집에 돌아오는 일상으로 하루하루를 살아가며, 주말에는 평일 동안 쌓여있는 피곤함에 종일 집에서 뒹굴기만 하다가 시간을 보내고 다시 평일로 돌아가는 매일 비슷한 일상을 말이다. 목표 없이 살아가는 직장인이라면 더욱 이런 일상을 벗어나지 못하고 그저 경제적 자유를 막연히 꿈꾸며 살아가고 있을 것이다.

나 역시 직장인의 한 사람으로서 이런 일상을 생활하고 있던 적이 있었다. 아침에 눈을 뜨면 허겁지겁 출근 준비를 하고 서둘러 출근길에 올랐다. 출근길 대중교통 속에서 기댈 곳을 찾아 부족한 잠을 자고 출근하면 아침부터 쏟아지는 회의에 정신없는 오전을 보내고 나면 어느덧 점심시간이 찾아온다. 함께 먹을 동료들과 주변 맛집을 찾아 줄 서서 기다려 가면서 점심을 먹고 커피 한잔 마시고 다시 사무실로 들어와 자리에 앉으면 눈 앞에 펼쳐지는 건 쌓여있는 해야 할 일들이 있다. 쌓여있던 일들을 하나하나씩 처리하다 보면 어느덧 퇴근 시간이다. 오늘은 누구랑 술을 한잔하며 회포를 풀까 전화를 하며 술 동무를 찾아 술과 함께 푸념하고 늦은 밤 집으로 들어갔다. 집에 들어오면 술기운과 지친 몸에 푹 쓰러져 잠들어 다시 눈을 뜨면 어느새 아침이 찾아온다. 거의 매일 비슷한 일상에서 아무런 목표도 없이 그저 먹고사는 것에 급급해 하루하루를 살아가며 늘 마음속 한구석에는 일상 탈출을 갈망하며 살아왔었다.

　하루살이와 같았던 나의 일상을 바꿔 준 것은 새벽 기상과 함께한 독서 그리고 글쓰기였다. 매일 똑같은 일상을 벗어나고자 제일 먼저 시작한 게 새벽 기상이었지만 아무런 목표도 없이 시작했기에 오랫동안 하지 못했다. 그 뒤 몇 번의 실패를 거듭하면서도 포기하지 않고 계속 도전을 할 수 있었던 건 나만의 목표가 생긴 덕분이었다.

　독서를 통해 꾸준한 새벽 기상을 위해선 강력한 동기 부여가 있어야 한다는 것을 깨달았다. 단순히 일찍 일어나야만 하는 외부 요인이 있으면 누구든 할 수 있지만, 그렇게 일어난 새벽 기상은 성장에 커다란 도움이 되지 않는다는 내용과 자기 성장이 동반된 새벽 기상을 습관으로 만들어주는 강력한 동기 부여는 '나만의 목표'라는 내용이 새벽 기상을 하고 있던 나에게 강한 메시지로 다가왔다.

외부 요인에 의해 일찍 일어나는 것은 누구나 할 수 있다. 아니 생계가 걸려있다면 할 수밖에 없을 것이다. 그렇게 일어나 생활하는 것은 그저 생계를 위한 것일 뿐 그 이상도 이하도 아니다. 그것조차 할 수 없다면 그 사람은 그 어떤 것도 할 수 없는 사람일 것이다. 그러나, 일찍 일어나는 것을 하지 못하던 사람조차도 이루고자 하는 자신만의 목표가 생긴다면, 이전과는 180도 다른 사람으로 변하게 된다. 나 또한 삶의 변화를 갈망했지만, 먹고 사는 것에 치중했던 시절에는 아무런 변화가 일어나지 않았다. 매일 피곤하기만 하고 아무것도 하기 싫은 무기력한 삶을 살기만 했었다. 새벽 기상을 시작으로 하여 필사와 함께 한 독서가 글쓰기로 이어졌고, 내 이름 석 자가 박힌 책을 쓰고자 하는 나만의 목표로 만들어주었다. 그리고, 지금 이렇게 내 이름이 쓰인 책을 출간하기 위한 원고를 쓰고 있다.

목표가 생기자 하루의 삶도 달라졌다. 많은 것이 달라졌지만, 가장 크게 변한 몇 가지를 이야기하면 이렇다.

첫째, 출근 전 시간이 달라졌다. 출근 시간에 맞춰 간신히 눈을 뜨고 일어나 허둥지둥 출근 준비를 하고 출근길에 올라 꾸벅꾸벅 졸며 출근을 하던 내가 출근 전 2시간부터 일어나 새벽을 맞이하고 나만의 루틴으로 몸과 마음이 건강한 나를 만들고 있다. 또한, 책 속에 있는 수많은 사람의 경험과 지혜를 들으며 나를 돌아보고, 불안과 걱정으로 가득했던 나의 미래를 희망에 찬 미래로 조금씩 바꿔나가고 있다.

둘째, 일을 대하는 마인드가 달라졌다. 새로운 일에 도전할 때는 시작도 하기 전에 '할 수 있을까?', '시간도 없는데 괜히 하는 거 아닌가?'를 떠 올리며 자주 망설이고 시작조차 하지 못한 일들이 많았는데, 이제는 '한 번 해보자', '시간은 만들면 되지!', '다들 하는데 나라고 못 할 거 있나?', '해보면서 바꿔나가면 돼'를 생각하며, 망설이기보다는 행동하며 개선해 나아가는 모습으로 변해가고 있다.

셋째, 가족과의 관계가 달라졌다. 저녁에는 직장동료, 지인, 모임 등으로 인해 식사나 술자리가 많았는데, 새벽 시간에 계획한 목표가 많아지면서 꼭 참석해야 하는 자리가 아니면 되도록 멀리하다 보니 자연스럽게 술 마시는 횟수가 줄어들었다. 술 마시는 횟수가 줄어들면서 가족과 함께하는 시간이 늘어나니 아내와 아이들의 관심사가 무엇인지를 조금씩 알아가면서 예전보다 더욱 가까워졌다.

넷째, 몸의 체력이 달라졌다. 마흔 이전까지만 해도 체력이 중요하다는 것을 몰랐었다. 다치거나 아프더라도 금방 회복되었고, 앉아서 일하는 직업이기에 힘든 줄 몰랐다. 그런데, 마흔이 넘어가니 여기저기서 신호가 왔다. 그럴 때마다 '운동해야지'라고 생각했지만 그때뿐이었다. 목표가 생기면서 목표 달성을 위해 꾸준히 실천하려면 체력이 중요하다는 것을 느꼈다. 아무리 능력이 뛰어나도 체력이 뒷받침되지 않으면 아무것도 할 수 없다는 것을 깨닫고 매일 운동을 실천하고 있다.

다섯째, 세상을 바라보는 시각이 달라졌다. 과거의 나는 매일 똑같은 일상이 반복되는 삶 속에서 그저 아무 생각 없이 하루를 보냈다. 그러나, 글을 쓰는 목표가 생기면서 똑같지만 똑같지 않은 일상을 발견하며 내가 걸어가고, 만지고, 보고, 느끼는 모든 것이 글감이 된다는 생각으로 세상을 바라보게 되었다.

내가 만약 막연하게 작가가 되고 싶다는 꿈만 있었다면 지금 이 책을 쓰지 못했을 것이다. 막연한 꿈과 목표는 그저 이상만을 좇는 몽상가가 될 뿐이다. 새벽 필사와 함께한 독서가 책을 쓰고 있는 나 자신을 만들어 가고 있듯이 목표는 실천이 가능한 범위에서 명확하게 설정하며 점점 확대해 나아가야 한다. 더욱 중요한 건 목표를 향해 나아가는 과정에서 내가 무엇을 배우고 있으며, 얼마나 성장하느냐이다. 명확한 목표를 설정하고 그것을 향해 나아가는 과정에서 당신의 생활이 긍정적으로 변화된다면 그것 또한 성장의 발판이 되고, 목표 달성에 한 걸음 더 다가가는 원동력이 될 것이다.

남은 삶, 새벽 독서로 재부팅하자

독서가 삶에 많은 영향을 준다는 건 대부분 사람이 알고 있을 것이다. 다만, 몇 권의 책을 읽어서는 삶이 확 바뀌지 않는다는 걸 알기에 쉽게 독서에 다가가지 않는 것이다. 특히, 대한민국 사람들은 대체로 성격이 급하다. 무언가를 시작하면 빠르게 결과를 보려는 '빨리빨리' 문화를 가졌기에, 나라가 엄청난 속도로 성장해 짧은 시간에 선진국 대열에 진입했다. 그러나, 외형적인 빠른 성장으로 경쟁 중심 사회가 되어 남보다는 나만 생각하는 개인주의적 모습이 많이 나타났다. 그것으로 인해 보살핌이 필요한 곳들이 외면당하거나 버림을 받아 고통에 시달리는 사회적 모습이 고스란히 나타났다. 독서할 때도 마찬가지로 책을 빠르게 읽으려고만 하면 완독한 책의 양은 많이 늘어나겠지만, 책 속에 있는 내용이 머리에 들어오지 않아 많은 것을 놓치게 된다. 그렇다면, 빠르고 쉽게 읽히는 책은 어떤 것이 있을까? 아마도 빠르고 쉽게 읽히는 책은 대부분 다음 2가지에 해당할 것이다.

하나는 책을 쓴 저자가 지식이 풍부하고 대상 독자의 수준을 정확히 진단하고 그에 맞는 수준으로 책을 쓴 경우이다. 이런 책은 만나기가 쉽지 않다. 작가의 관점에서 대상 독자의 수준을 정확히 진단하기 어렵기 때문이다. 특정 대상인만을 위해 발간한 책이 우연히 나의 수준과 비슷한 경우가 아니라면 만나기 어려운 책이다.

다른 하나는 책의 모든 내용을 다 이해하고 있거나, 이미 다 알고 있는 내용을 읽는 경우다. 이미 내용을 다 알고 있는 책을 선택해서 읽는다는 것은 책에서 놓친 것은 없는지 다시 한번 살펴보기 위함이다. 일부러 재독을 하는 게 아니라면 책이 지루하여 읽히지 않거나, 읽는 의미가 없다. 이미 다 알고 있고 계속 실천 중인 내용이 있는 책을 읽을 시간에 다른 책을 읽는 것이 더 효과적일 것이다.

빠르고 쉽게 읽히면서 삶을 바꾸어 주는 책은 그리 많지 않다고 생각한다. 독서는 삶을 서서히 변화시킨다. 관심 있는 분야의 주제를 매일 읽으며, 지식을 쌓아가다 보면 자연히 양적 성장이 질적 성장으로 바뀌는 시점이 올 것이다. 질적 성장을 통해 그동안 쌓아온 수많은 지식이 결합하여 통찰력을 만든다. 통찰력이 생기면 세상을 바라보는 관점이 달라지며 내면에 있던 잠재의식을 깨워 행동으로 이어진다. 다시 말해,

꾸준한 독서를 통해 의식이 바뀌면서 삶의 변화로 이어지게 된다는 것이다.

　시간의 가치를 알고 그 가치를 활용하기 위해 노력하는 것은 아주 중요하지만 어려운 일이다. 시간의 가치에 의미 있는 가치를 더하는 일은 더욱 어려운 일이다. 우리는 이미 새벽이라는 시간의 가치와 독서가 주는 가치에 대해서 수없이 많이 들어보고 만나왔다. 자기 삶에서 새벽이라는 가치에 독서라는 가치를 더하는 것은 다가오는 미래에 더욱 강력한 경쟁력을 갖게 될 것이다.

　새벽 독서라고 하면 너무 어려운 일이라고 느껴질 수 있다. 그러나 막상 해보면 어렵지 않다. 자신의 하루 일상을 되돌아보고 불필요한 시간을 줄인다면 분명 새벽을 맞이할 수 있는 충분한 시간을 만들 수 있다. 새벽을 오롯이 나의 시간으로 만들었다면 허투루 보내지 말고, 무엇이든 자신이 성장할 수 있는 일을 하면 된다. 성장을 위해 무엇이든 하다 보면 자연스럽게 독서에 빠져들게 될 것이라 감히 말할 수 있다. 그 이유는 독서가 성장할 수 있는 모든 방법의 기본이 되기 때문이다. 새벽에 시간을 만들고 그렇게 만들어진 시간에 독서하는 흐름으로 이야기했지만, 나의 경우와 같이 독서하기 위해 새벽 시간을 만드는 것도 상관없다. 성공한 인생을 사는 사람들은 자신들이 정한 목표를 달성하는 것에 집중한다. 세상에는 수많은 일이 존재한다. 그 많은 일을 모두 다소화해내기는 불가능하다. 자신이 정한 목표 달성을 위해 필요한 일에만 집중하면 된다. 당신의 하루는 어떤 곳에 집중하느냐에 따라 달라진다. 나 자신을 위해 기꺼이 투자해야 한다. 어렵게만 생각하지 말고 쉽게 접근하다 보면 어느새 나의 것으로 장착되어 있을 것이다.

　새벽 독서를 내 것으로 만드는 과정에서 많은 고통이 발생할 것이다. 고통이 없는 성공이 있을까? 만약 당신이 무엇을 하던 그것을 이루고자 한다면 반드시 고통과 스트레스가 따를 것이다. 아무런 목표도 없고 생각 없이 살아간다면 스트레스를 받지 않을 수 있겠지만, 자신의 인생 또한 아무런 성장도 없이 그저 남에게 휘둘리는 인생이 되고 말 것이다. 성공을 향해 나아갈 때 발생하는 고통과 스트레스를 즐기는 지혜가 필요하다. 새벽 독서를 자신의 것으로 만들어 가는 과정에서 발생하는 고통과 스트레스가 성장의 밑거름이 된다는 사실을 기억하며 즐거움으로 받아들일 때 비소로 변화가 시작될 것이다.

　지금의 내 모습은 과거의 내가 선택한 결정과 행동에서 비롯되었음을 알게 되었고, 지금의 내가 변한다면 미래의 나를 내가 원하는 나로 만들 수 있다는 것을 깨달았다. 수많은 선택지에서 하나를 선택하면 늘 선택하지 않은 다른 선택지에 대한 미련이 남는다. 그러나 다시 돌아가서 다른 선택지 중 하나를 선택한다고 더 나은 선택을 한다고 할 수는 없을 것이다.

나의 선택이 내가 원하는 결과로 만들지 못할 때면 선택한 순간을 떠올리며 '그때 다른 선택을 했더라면 어땠을까'하는 생각을 떠올리곤 한다. 그때마다 '후회하지 않는 선택은 할 수 없는 걸까?' 하는 생각과 함께 지금의 선택이 아닌 다른 선택지에 대한 미련을 가지며 후회하기도 했다. 그러던 어느 날 드라마를 보다가 여자주인공의 대사에 커다란 깨달음을 얻었다.

"후회는 선택하는 순간에 오진 않잖아요, 과정에서 오지."

"난요. 내 선택을 단 한 번도 후회해 본 적이 없어요. 기를 쓰고 그렇게 만들었거든요."

내가 관심 있어 하는 분야의 주제를 다루고 있어 재미있게 본 드라마였는데 저 대사를 듣는 순간 머릿속이 굉장히 맑아졌다.

"후회하지 않는 선택은 정말 할 수 없는 걸까?"

이 질문에 대한 명쾌한 답을 찾은 기분이었다. 그동안 질문이 잘못되었다는 것을 깨달았다. 후회하지 않는 선택이 아니라 후회되지 않는 과정을 만드는 것이 중요하다. 후회는 선택의 순간에 오는 것이 아니라 과정에서 나타나는 것이다. 그 과정을 만드는 것은 내가 어떤 행동을 하느냐에 따라 달린 것이다.

우리는 수많은 선택을 하며 살아간다. '인생은 B와 D 사이의 C이다.'라는 명언처럼 삶(Birth)과 죽음(Death) 사이에는 수많은 선택(Choice)이 존재한다. 나 또한 선택하는 삶에서 벗어나지 못하고 살아간다. 과거 자신의 선택이 현재의 나를 만들었듯 지금의 선택과 행동이 미래의 나를 만든다. 남은 인생을 아무것도 없이 소비만 하며 후회하는 인생으로 보낼 것인가, 아니면 행복과 멋진 삶이 있는 인생을 만들 것인가는 자신의 선택과 행동에 달려있다. 책에는 수많은 인생 선배의 경험과 지식 그리고 지혜가 담겨있다. 새벽은 나를 돌아보며 미래를 만들 수 있는 시간이다. 남들이 잠을 자며 꿈을 꾸고 있는 새벽에 독서를 통해 그동안 꿈꿔왔던 것들을 하나씩 실천해 나아가며, 자신의 미래를 새롭게 그려가는 시간으로 만들어 가길 바란다. 이 작은 행동이 자기 미래에 커다란 결과를 만들 것이다. 내가 그래왔고, 성공한 이들이 그래왔던 것처럼 말이다.

억대 연봉자로 이끄는 새벽 독서법

초판 1쇄 발행 | 2023년 7월 20일

지은이 | 이경희
펴낸이 | 김지연
펴낸곳 | 생각의빛

주소 | 경기도 파주시 한빛로 70 515-501

출판등록 | 2018년 8월 6일 제 406-2018-000094호

ISBN | 979-11-6814-043-1 (03190)

원고 투고 | sangkac@nate.com

ⓒ 이경희, 2023

* 값 14,500원

* 생각의빛은 삶의 감동을 이끌어내는 진솔한 책을 발간하고 있습니다. 참신한 원고가 준비되셨다면 망설이지 마시고 연락주세요.